Es wird heiß!

Liebe Leserinnen, liebe Leser,
wir haben mein Magazin für Sie noch besser gemacht: Jede Ausgabe widmet sich ab jetzt ausführlich einem anderen Genuss-Thema und bietet Ihnen alles, was Sie darüber wissen müssen. Noch mehr Rezepte, die garantiert gelingen, besonders viele wertvolle Tipps aus meiner Profi-Küche, einzigartige Inspiration und nutzwertigen Service rund um Genuss, Kochen und Gastlichkeit. Um das Grillen und Draußengenießen geht es dieses Mal: mit BBQ-Rezepten aus aller Welt, Snacks und Fingerfood für Picknick und Gartenparty, Wissenswertem rund um gutes Fleisch und Fisch aus nachhaltigem Fang und Weinempfehlungen für den Sommer. Und ich nehme Sie mit in meine Heimat Steiermark, wo Josef Zotter eine der führenden Zuchten von Wagyu-Rindern in Österreich etabliert hat. Der Sommer kann kommen!

Ihr Johann Lafer

Titelfoto: Markus Bassler, FOTO: Markus Bassler

Unsere **Titelthemen** haben wir farblich gekennzeichnet

GENIESSEN

REISE

REZEPTE

GETRÄNKE

FOTOS: Yves Pascal Eckhardt, Julia Hoersch, Günter Standl

BUNT & FRISCH
Leichter Lunch oder knackige Begleiter zum BBQ: Sommersalate

92

Unsere Titelthemen haben wir farblich gekennzeichnet

80

126

LICHTQUELLE
Laternen und Windlichter für den Abend im Garten

36

LAFER & FRIENDS

SERVICE

STANDARDS

FOTOS: Markus Bassler, Mathias Neubauer, Michael Ricks

Farbe bekennen!

Nie ist das Leben bunter als im Sommer. Mit diesen dekorativen Accessoires und bildhübschen Helfern für Gartentisch und Terrasse lässt sich die Freiluftsaison facettenreich und stilvoll genießen

BODENSCHATZ

DER GEWEBTE LÄUFER „PIX" AUS SCHADSTOFF-FREIEM PVC EIGNET SICH FÜR DRINNEN UND DRAUSSEN. 70 x 160 CM, € 214, IN VERSCHIEDENEN FARBEN UND GRÖSSEN ERHÄLTLICH.

WWW.PAPPELINA.COM

KULT-STATUS

Design-Ikone für Kafffeegourmets: Mit der Milchkanne „Wassily" im Bauhaus-Stil vom renommierten Industriedesigner Tassilo von Grolman zieht zeitlose Eleganz auf jeden Tisch. Der feste Stahlfuss sorgt für einen sicheren Stand. Spülmaschinenfest, ca. € 60, von Philippi, www.ambiendo.de

STREIFEN-LOOK

Mix & Match: Wer es gerne bunt und fröhlich auf seinem Frühstückstisch mag, liegt mit dem Geschirr von Gmundner genau richtig. Jedes Stück wird mit einer einzigartigen Kunsthandwerkstechnik, dem sogenannten „Flammen" hergestellt. Hierbei wird die Farbe nicht aufgemalt, sondern mit einem feinen Schlauch aufgespritzt. Spülmaschinenfestes Keramikgeschirr: Espressotasse, 2-tlg., ca. € 50 , Müslischale ca. € 42, Becher ca. € 30, www.gmundner.at

NATUR PUR

Modernes Salatbesteck „Artesano" aus Akazienholz. 2-tlg., ca. € 25. www.villeroy-boch.de

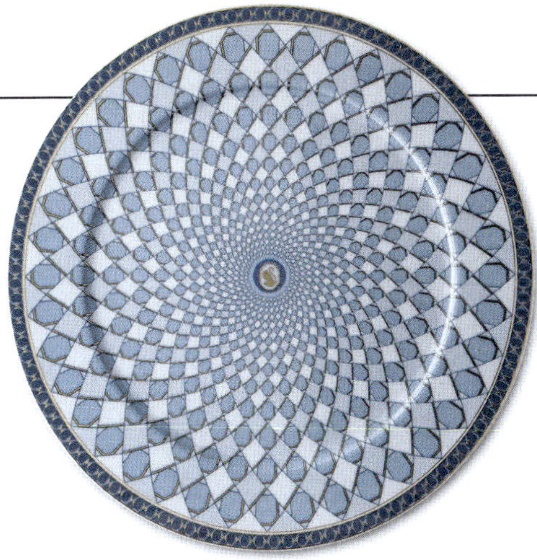

HANDGEMALT
Kristall trifft auf Porzellan: Platzteller „Signum Azure" mit goldenem Swarovski-Schwan, € 130, www.rosenthal.de

VERSPIELT

OTTOLENGHI UND DER KÜNSTLER IVO BISIGNANO HABEN HIER GEMEINSAM IHRER KREATIVITÄT FREIEN LAUF GELASSEN. HANDGEFERTIGTE KERAMIKVASE „SICILY", € 135, *WWW.SERAX.COM*

FERIEN-FEELING

Vom blauen Himmel und dem Meer inspiriert – die neue Farbe „Azure" von Le Creuset bringt mediterranes Flair in die Küche und auf den Tisch. In Kombination mit weißem Geschirr, Holzaccessoires und farbigen Gläsern in Aquatönen fühlt man sich sofort wie im Urlaub. Bräter in verschiedenen Größen von Ø 18-28 cm, ab € 219, www.lecreuset.com

KLASSIKER

Für Tee oder Kaffee: Die Isolierkanne „EM 77" von Stelton zeigt sich in diesem Jahr in „Poppy Yellow", 1 l, ca. € 75, www.connox.de

SCHARFES DUO

Bei den Salz- und Pfeffermühlen aus der Serie „Tahiti" standen die vier Elemente Pate. Set „Feuer" etwa hat fein abgestimmte, matte Rottöne, ca. € 68, *de.peugeot-saveurs.com*

FOTOS: Christian Demetrescu, James Stokes, Rosenthal GmbH

Gut gerüstet an den Grill

Vielseitige Topfsets, Körbe für Besteck und Saucen oder eine Pfeffermühle, die Licht spendet: Anspruchsvolles Barbecue braucht bestes Zubehör

MULTITALENT
Mit Henkel, um sie an den Grill zu hängen, Gummischutz und LED-Beleuchtung ist die Outdoor-Pfeffermühle „BBQ" ausgestattet, ca. € 85 (de.peugeot-saveurs.com)

FÜR OUTDOOR-KÖCHE

DIE SERIE „NORDEN GRILL" BESTEHT AUS EINEM GUSSEISENTOPF (R.), EINEM DAMPFKORB (O.), DESSEN DÄMPFEINSATZ AUCH ZARTES WIE FISCH GRILLT (L.), UND EINER PLANCHA (O. ABB.). AB € 80, WWW.FISKARS.COM

TRAGENDE ROLLE
Klares Design aus glänzendem Edelstahl: Besteckkorb „A Tavola" mit angenehmer Leinenschlaufe bringt Stil ins Outdoor-Leben. Zur Serie gehören außerdem ein Brotkorb, ein Früchtekorb sowie ein Saucen- oder Marmeladen-Caddy. Ab € 59, www.philippi.com

DA BIST DU PLATT
Gusseiserner „Meat Tenderizer" aus der Manufaktur-Gießerei Skeppshult, € 65, www.kochform.de

BEWÄHRT

Aus rotem Westerwälder Ton besteht die BBQ-Serie von Römertopf mit Johann Lafer. Das Material verteilt Hitze sehr gleichmäßig, ist feuerfest bis 900 °C und hält auch Temperaturschwankung problemlos aus. Dazu ist es schneid- und kratzfest und kann in die Spülmaschine. Zur Serie gehören Töpfe, Auflaufformen, Hähnchengriller oder eine Plancha (o.). Wesentliches Merkmal sind die Grillstege oder -noppen, die das Grillgut erhöhen und Marinade oder Fett abtropfen lassen. Ab € 40, www.roemertopf.de

HAT DEN BOGEN RAUS
Von kochendheiß für Tee bis eiskalt für den Durst spenden die cleveren Armaturen von Quooker Wasser

UNTER DER HAUBE

INDIREKTES GAREN, WARMHALTEN, GEMÜSE SCHMOREN – DIE GRILL-CLOCHE VON DE BUYER IST EIN SEGEN AUF GROSSEN GRILLFLÄCHEN. MIT INTEGRIERTER DAMPFÖFFNUNG, EDELSTAHL, Ø 30 CM, CA. € 55, WWW.DEBUYER.COM

TRANSPORTWESEN

Wer hat schon Lust, jedes Grillsaucenfläschchen einzeln rauszutragen (und vor allem wieder hineinzubringen): Der Caddy für Grillsauce, Öl und Essig oder Limoflaschen ist herrlich praktisch und macht sich hübsch auf dem Tisch. Serie „Nordic Kitchen", aus FSC-zertifiziertem Eichenholz und mattem, schwarzem Kunststoff, ca. € 60, www.evasolo.com

ANHEIZER

Der Anzündkamin von Höfats wird nicht umgedreht, sondern nach oben abgezogen, ganz ohne Funken- und Ascheflug. Der Griff bleibt übrigens kühl. Edelstahl, 2,5 Kilo Volumen, ca. € 50, www.hofats.com

WASSER SATT

Statt unzählige Flasche anzuschleppen, einfach den Hahn aufdrehen: Die „Quooker Fusion Round" liefert dank Kaltwasserreservoir „Cube" eiskaltes sprudelndes oder stilles Wasser, ab € 2890, www.quooker.de

FOTOS: ADP Photostudios, höfats, Thomas Lombard/Peugeot Saveurs

Die Magie der Glut

Nichts schafft mehr Gemeinschaft und unvergessliche Erlebnisse – ob vor Abertausenden von Jahren oder heute im eigenen Garten und sogar in Sternerestaurants. Warum ist das so?

Text:
ALEXANDRA KILIAN

Illustration:
ROMINA ROSA

Heute Kohle, Gas oder doch das Rosenholz? Ist der Smoker schon angeworfen, das Veggie-Grillgut vorbereitet? Sind alle Accessoires bereitgelegt, das Thermometer mit der App verbunden? Szenen eines Sommerabends im Jahr 2023. Denn Grillen heutzutage ist viel mehr als ein archaisches Grundbedürfnis, das der reinen Nahrungsaufnahme dient. Es ist ein Lebensgefühl, das Genuss, Geselligkeit sowie Entertainment vereint.

Mit der Erfindung des Kugelgrills in den 50er-Jahren des vergangenen Jahrhunderts sowie dem Wirtschaftsaufschwung nach dem Zweiten Weltkrieg hoben die Europäer und US-Amerikaner das Grillen auf die Bühne ihres kulturellen Zeitgeschehens. Was in Japan, Korea oder auch China kontinuierlich mit der Installation von Tischgrills und heißen Steinen verfolgt worden war, fand nun auch in hiesigen und nordamerikanischen Breitengraden Anklang.

Man widmete sich plötzlich ausführlich der Kunst des Barbecues. Der Grill wurde zum Statussymbol der Mittelschicht. „Meine Frau, meine Kinder, mein Haus, mein Hund, mein Kugelgrill“ – damit war das Vorstadtidyll perfekt. Und im Gegensatz zum gemeinschaftlich zelebrierten Sonntagsbraten wurde mit dem Barbecue nicht nur spielerisch für die physischen Bedürfnisse aller Altersklassen gesorgt, es konnte auch mit Freunden informell an beliebigen Tages- und Wochenzeiten genossen werden.

Beim Grillen sind wir alle gleich. Und wer grillt, gehört dazu – wie „Edward mit den Scherenhänden“ im gleichnamigen Werk von Tim Burton aus dem Jahr 1990, in dem sich Johnny Depp in einer amerikanischen Vorstadt-Idylle der 50er-Jahre vom populären Außenseiter zur vermeintlich bösen Kreatur entwickelt. Die dort gezeigte BBQ-Party wird zum Sinnbild von Menschlichkeit und Gemeinschaft. Burton benutzt das Grillen als Schlüsselmoment vor dem Stimmungswandel, den Grill als in die Schrebergärten und vor die Campingwagen dieser Welt domestiziertes Lagerfeuer. Wie Regisseurkollege Nick Castle in „Dennis“ mit Walter Matthau, Oliver Stone in „An jedem verdammten Sonntag“ mit Dennis Quaid, Robert Zemeckis in Tom Hanks „Forest Gump“ oder Guy Ritchie im mit Brad Pitt und Jason Statham besetzten Film „Snatch“.

Eine der ältesten Formen der Nahrungszubereitung, die schon vor Jahrtausenden unseren Ahnen das Fleisch nicht nur bekömmlicher, sondern auch schmackhafter machte, zieht sich gesellschaftsspiegelnd durch Kunst und Kultur. Das antike Grillen am Spieß wird per René Goscinnnys und Albert Uderzos „Asterix“ schon Kindern vermittelt, wenn am Ende jedes Abenteuers die tapferen Gallier ein Dorffest mit Wildschweinen am Drehspieß über dem Feuer feiern. Die erste Form eines Grillrosts – von den Römern erfunden – illustrieren Gemälde wie das 1569 von Agnolo di Cosimo, genannt

VORBILD ASTERIX
Grillen stärkt seit der Antike die Gruppe (und den Widerstand), lernen Kinder, wenn am Ende der Asterix-Comics oder -Filme (hier Asterix, der Gallier, 1967) ein Grillfest gefeiert wird.

ERSTE GRILLGERÄTE
„Das Martyrium des heiligen Laurentius“ von Agnolo di Cosimo, genannt Bronzino, von 1569 zeigt einen Grillrost, wie ihn die Römer erfunden haben – allerdings zu anderen Zwecken.

FESTMAHL FÜR DEN ADEL
Im Mittelalter trennt der Grill Arm und Reich: Nur wer sich Fleisch leisten kann, röstet es über Feuer. Ein Vergnügen, das dem Adeligen vorbehalten war, nicht dem Bauern.

Bronzino geschaffene Werk „Das Martyrium des heiligen Laurentius“.

Vom lateinischen Wort „craticulum“, übersetzt „kleiner Rost“, stammt das deutsche Wort grillen ab. Wie dieses im Mittelalter und der Frühen Neuzeit zum differenzierenden Faktor zwischen Arm und Reich geriet, veranschaulichen historische Romane wie Ken Folletts „Säulen der Erde“, in denen das Grillen über Feuer vorrangig Bestandteil höfischer Feierlichkeiten war, den Adligen und Betuchten vorbehalten. Fleisch haben oder nicht haben, das war die Devise – und das wertvolle Fett ins Feuer tropfen zu lassen, für den Bauern selten eine Option.

Und über die Jahrhunderte bis heute wurde aus altbewährtem Handwerk ein Trend. Da finden jährlich Grillwettbewerbe von den Deutschen Grill- und Barbecue-Meisterschaften bis zu der WBQA Grillweltmeisterschaft mit über 100 Teilnehmern aus 20 Nationen statt, es gibt eine eigene German Barbecue Association (GBA). Die Gesellschaft für Konsumforschung verkündet die jährlich wachsenden Absatz- und Umsatzzahlen in Sachen Grillgeräte, Brennstoffe und Zubehör in Deutschland, welches beim Barbecue zu einem der absatzstärksten Länder Europas zählt – das Marktvolumen wird auf über eine Milliarde Euro geschätzt.

In heimischen Gärten und auf Social-Media-Kanälen von mit Tausenden von Followern gesegneten BBQ-Bloggern findet „Food Porn“ auf großer Bühne statt. Anspruchsvolle Grillrestaurants wie das „Asador Etxebarri“ im baskischen Axpe, das die Kunst auf allerhöchstem Niveau perfektioniert, werden zu Foodie-Destinationen. Die Kategorie der klassischen Grillrestaurants auf hohem Niveau erlebt gerade eine Rennaissance, Beschäftigung mit Qualität und Reifung des Fleisches gleicht fast schon einer Religion, und im Fernsehen lassen sich Prominente von einem Spitzenkoch in Kochwettbewerben „grillen“, so populär scheint der Begriffsgebrauch mittlerweile geworden zu sein.

Streetfood -Trucks, immer wieder neue Trends und das Interesse an Restaurants mit offenem Feuer entspringen unserem Bedürfnis nach theatralischen Darbietungen, sagt Experimentalpsychologe und Oxford-Professor Charles Spence. Sie würden eine verlässliche Antwort darauf geben und zugleich eine Wohlfühlatmosphäre schaffen, weil sie sich mit einer der ältesten von uns gelernten und bekannten Form der Zubereitung befassen. Wie schon Lyall Watson 1971 in „The Omnivorous Ape“ feststellte: Das dunkle Interieur, das Höhlengefühl, sich an der Glut zu versammeln, bedeutete zumindest für ein paar Stunden, sich sicher zu fühlen. Weg von der Gefahr. Die Domestizierung des Feuers transferiert uns in genau dieses Urgefühl. „Es macht uns menschlich“, sagt Professor Spence, „wir sind evolutionär dazu bestimmt, das Grillen zu lieben.“

FOTOS: AFP/Getty Images, Bartholomeus Breenbergh “Das Martyrium des heiligen Laurentius”, 1647, Frankfurt a. M., Städelsches Kunstinstitut, ddp, Detail of Bayeux Tapestry of Norman conquest of England 1066/DeAgostini/Getty Images, United Archives/KPA/imago images, weber.com

NACH DEM KRIEG GEHT'S RUND
Eine Boje inspirierte den Amerikaner George Stephen 1952 zum ikonischen Kugelgrill. Die Geräte seiner Firma Weber Grill bevölkern bis heute unsere Gärten– wie seine erste Erfindung.

WETTBEWERBSFÄHIG
Im 20. Jahrhundert avanciert Grillen unaufhaltsam zum Trend und spornt zu Höchstleistungen und Wettbewerben an. Geräte werden größer und spezieller – ein Milliardengeschäft.

BÜHNE FÜR MAGIE
Foodtrucks, Gourmetrestaurants, Blogs und Social Media: Nach wie vor scharen wir uns ums offene Feuer, verfallen in einer komplexen, technischen Welt der Magie des Grills.

„Evolutionär dazu bestimmt, das Grillen zu lieben."

Interview:
ALEXANDRA KILIAN

Als Professor für Experimentalpsychologie und Leiter des 1997 an der University of Oxford gegründeten „Crossmodal Research Laboratory" beschäftigt sich Charles Spence mit der Erforschung von Einflüssen auf den Geschmack des Essens. Seine Ergebnisse, etwa dass Kartoffelchips umso frischer schmecken, je prägnanter das Knuspergeräusch beim Reinbeißen klingt, faszinieren nicht nur Wissenschaftler, sondern internationale Küchenchefs wie Heston Blumenthal, Jozef Youssef und Andoni Luis Aduriz, die bei der Entwicklung ihrer Menüs seine Hilfe suchen. Für seine Arbeit wurde Spence unter anderem mit dem Friedrich Wilhelm Bessel-Forschungspreis der Alexander-von-Humboldt-Stiftung, dem Ig-Nobelpreis und dem Science Prose Award ausgezeichnet.

Lafer Journal: Ist Grillen genetisch?
Charles Spence: Zumindest ist es seit Zehntausenden Jahren ein bedeutender Teil unserer Geschichte: Das Grillen von Lebensmitteln ist eine der ältesten Formen der Nahrungszubereitung. Es bot schon immer viel sensorisches Gefühl und hat dem Geschmack neue Dimension verliehen.

Warum ist es nach wie vor so beliebt?
Es steht für Frische der Produkte, Komfort, Praktikabilität, gemeinsamen Erleben, Schaffen und Teilen, und weiterhin hat Grillen – ohne zu sehr auf Klischees eingehen zu wollen – auch mit Geschlechterbildern und -funktionen zu tun. Mit dem Wunsch des Mannes, zu Hause auch aktiv seinen Teil zur Versorgung beizutragen – und das auf seine eigene, vermeintlich sehr männliche Weise.

Könnte es auch mit der Freude an Tradition zusammenhängen? Im vergangenen Jahrzehnt haben Restaurants, in denen auf offenem Feuer gegrillt wird, an Popularität gewonnen, wie das „Asador Etxebarri" in Axpe oder das „Brat" in London.
Wir sind evolutionär dazu bestimmt, das Grillen zu lieben. Grillen hatte schon immer einen stark visuellen Effekt, etwas Theatralisches, Dramatisches, etwas sehr Direktes: Jeder kann das frische, noch rohe Produkt sehen, bevor es verarbeitet wird, man ist Teil der Magie der Zubereitung.

Schmeckt ein Steak also anders, wenn ich es mit Freunden am Feuer stehend selbst gegrillt habe, statt es nebst Schwiegermutter im Wintergarten serviert zu bekommen?
Ja. Zumindest, wenn die Schwiegermutter ihr Klischee erfüllt (er lacht). Je mehr wir Teil des Grillens sind, je näher wir am Feuer sitzen, mit guten Freunden um uns herum, am besten noch im natürlichen Licht der Abenddämmerung, desto besser schmeckt das Gegrillte. Hier greift das Provence-Rosé-Paradox: Derselbe Wein schmeckt uns an einem warmen Sommertag mit Freunden im Urlaub besser als allein zu Hause in der Kälte. So, wie auch Restaurants besser beurteilt werden, wenn sie an sonnigen Tagen besucht wurden.

Ihr Buch „Gastrologik. Die erstaunliche Wissenschaft der kulinarischen Verführung" beschäftigt sich mit multisensorischem Essen und wann dieses zu einem unvergesslichen Erlebnis wird. Demnach findet kulinarisches Vergnügen im Kopf statt. Geruch, Akustik, Optik, Textur, Atmosphäre sind wesentlicher für den Genuss als der Geschmack.
Das stimmt. Geschmack, süß, sauer, salzig, bitter und umami, ist nebensächlich.
Am bedeutendsten ist der Geruch. 70 bis 75 Prozent von dem, was wir glauben zu schmecken, riechen wir eigentlich. Wir sehen, hören, fühlen und riechen erst, dann schmecken wir. Und bevor wir das Essen in den Mund nehmen, haben wir eine Erwartung von dem, was wir schmecken werden. Wir prüfen also eher, ob etwas so schmeckt wie erwartet, als dass wir es tatsächlich

erschmecken. Wir leben in einer Welt unserer Erwartungen. Insofern bietet Grillen mit der Wärme, der Optik und dem Geräusch des Feuers, um nur einige der Faktoren zu nennen, direkt ein multisensorisches Erlebnis, das das Grillgut letztendlich auf eine hedonistische Art und Weise besser schmecken lässt, als wenn es in der Pfanne in der Küche zubereitet wird.

Und der Hobbykoch wird zum Profi? Welche anderen Faktoren sollte man berücksichtigen, um das beste Grillergebnis zu erzeugen?
Es fängt beim Gang zum Metzger an: Welches Stück sieht am appetitlichsten aus? Was hat das Tier gegessen, wie alt durfte es werden, wurde es massiert, hatte es ein gutes Leben, gar einen Namen? Welche Geschichte kann ich als Gastgeber zum Steak servieren? Und für welche Tageszeit, welche Temperatur lade ich welche Gäste ein?

Auch Storytelling beeinflusst den Geschmack.
Ja. Manche Chefs benutzen eine Virtual Augmented Reality, um den Geschmack ihrer Gerichte zu unterstützen. Sie holen das Draußen nach drinnen, mittels Filmvorführung oder gar 3-D, weil bewiesen ist, dass wir uns in der Natur besser fühlen – und dann schmeckt es uns auch besser.

Eyal Shani löscht in seinem „HaSalon" in Tel Aviv zum Schluss das Licht und zündet getrocknete Salbeibüschel auf der Theke an. Es wirkt, als stünde das ganze Restaurant in Flammen.
Das ist eine weitere Art und Weise, das Feuer zu den Gästen zu bringen, um das Ess-Erlebnis einprägsamer zu gestalten.

Laut Ihrer Studien schmecken Speisen auf weißen Tellern zehn Prozent süßer. Wie sollte man Grillgut präsentieren?
Am besten auf Holz, es lenkt die Aufmerksamkeit auf die Textur des Essens. Schweres Besteck sorgt generell für das intensivere Ess-Erlebnis als leichtes. Oder gar keins, noch besser. Das empfehle ich auch Küchenchefs: Weg mit Tischwäsche, mach es informell, lass die Gäste mit den Händen essen.

Und Steak?
Dafür könnte man so etwas wie einen nachgemacht prähistorischen Knochen reichen, der in Verbindung mit einem scharfen Stein das Fleisch schneiden kann. Wie im 20-Gänge-Menü des „Mugaritz", als eine Saison lang Menüs ausschließlich mit den Händen gegessen wurden.

Sie haben sich in einem Aufsatz mit dem multisensorischen Erleben und der Dramatik des Grillfeuers beschäftigt. Warum wird diese Form der Zubereitung immer populärer?
Der Rückgang des familiären Sonntagsmahls spielt eine Rolle, das Grillen als andere Art der sozialen Nahrungsaufnahme gleicht das aus. Zudem lässt es sich schneller und einfacher vorbereiten als ein Sonntagsbraten, niemand muss sich dafür noch schick machen. Das alles passt besser in unsere schnelle und immer informellere Zeit.

Mit Heston Blumenthal haben Sie den Gang „Sound of the Sea" entwickelt: Meeresfrüchte, die via iPod und Kopfhörer akustisch mit Meeresrauschen und Seemöwengeschrei begleitet werden. Welchen perfekten „Grill-Gang" würden Sie ihm empfehlen?
Generell rate ich, in einer offenen Küche zu arbeiten, um Gäste visuell und akustisch an ihrer Arbeit teilhaben zu lassen. Das schafft einen sogenannten „ASMR"-Effekt, „Autonomous sensory meridian response", der beim Zuhören bestimmter Geräusche entstehen kann, wie zum Beispiel das Gefühl von Intimität, wenn jemand flüstert. Diese Reaktion bekommen Menschen besonders oft bei Essengeräuschen. In einem „Grillgang" könnte man etwa am Tisch die Geräusche eines Lagerfeuers abspielen, ein wenig Rauch unter der Cloche aufsteigen lassen, das Gericht abgeflämmt mit Räucheraroma darbieten – oder den Gast sogar hinausbitten und sein Stück Fleisch selbst auf den Grill legen lassen. Das schafft Glücksgefühle, die sich positiv auf den Geschmack auswirken.

Diese Glücksgefühle, das Serotonin beim Grillen, wie erzeuge ich das im Winter in Oxford, Berlin oder Wien?
Alternativen schaffen: Wir treffen uns im Winter mittwochs zu einer lokalen Steak Night im Pub, da gibt es Chateaubriand auf Holzbrettern zum Teilen, da fließt das Serotonin und entsprechend gut schmeckt es.

Und wie sieht ein perfektes Grill-Erlebnis bei Professor Spence aus?
Das findet in unserem Haus in Kolumbien statt. Da haben wir einen gemauerten Grill, der den Gästen im Garten, von der Natur umgeben, saftige Stücke brät. Mein persönlich eindrucksvollstes Grill-Erlebnis hatte ich in San Sebastián: Da wurden wir bei einer Gastrokonferenz am ersten Abend in ein sehr bescheidenes Grillrestaurant geleitet, in dem ich und 16 Michelinstern-dekorierte Chefs das beste Seafood unseres Lebens aßen. Gegrillt, ganz schlicht. Danach beschloss ich, mich künftig beruflich ausschließlich mit Essen zu beschäftigen.

GESCHMACKSVERSTÄRKER
Prasselndes Feuer im archaischen „Etxebarri" im baskischen Axpe oder Meeresrauschen per iPod (u.) bei Heston Blumenthal im „Fat Duck" bei London – Sound erhöht den Genuss

FOTO: Mariano Herrera

Grill global

Gambas a la plancha aus Spanien und nordafrikanische Merguez, brasilianische Rindfleischspieße und Sardinen à la française: grenzenlos gute BBQ-Rezepte aus aller Welt

Fotos:
JULIA HOERSCH

Foodstyling:
STEVAN PAUL

Requisite:
CHRISTINE MÄHLER

SPANIEN

Tapas mit Garnelen und Pimientos de Padrón

Rezept auf Seite 32

NORDAFRIKA

Merguez mit Hummus und Salsa Tatemada

Rezept auf Seite 32

SÜDSTAATEN

Smoked Beef Short Ribs & Grillgemüse

Rezept auf Seite 25

GRIECHENLAND

Gegrillte Zucchini mit Feta, Minze und Balsamicodressing

Rezept auf rechter Seite

GRIECHENLAND

Gegrillte Zucchini mit Feta, Minze und Balsamicodressing

FÜR 4 PORTIONEN

je 3 gelbe und grüne Zucchini
50 ml Olivenöl
Salz
schwarzer Pfeffer aus der Mühle
120 g Feta
2–3 Minzezweige
3 EL Aceto balsamico
½ TL Senf
1 TL Zucker

ZUBEREITUNGSZEIT
ca. 20 Min.

SCHWIERIGKEIT
●○○

1 Die Zucchini waschen, putzen und quer in Scheiben schneiden, kleine Zucchini längs zerteilen. Die Schnittflächen mit 3-4 EL Olivenöl bepinseln und in einer heißen Grillpfanne oder auf dem Grill von beiden Seiten ca. 5 Min. braten. Mit Salz und Pfeffer würzen.

2 In der Zwischenzeit den Feta zerbröckeln. Die Minze waschen, trockentupfen und in Streifen schneiden.

3 Den Balsamico, Senf, Zucker und restliches Olivenöl zu einem Dressing verrühren. Die Zucchini auf Tellern verteilen, mit Feta und Minze bestreuen und mit dem Dressing beträufeln.

MEIN TIPP:

„Der Grillrost muss sehr heiß sein, damit das ‚Branding', die typischen Grillstreifen gelingen. Dann nur die Zucchini gerade auflegen und kurz von beiden Seiten rösten."

FOTO: Rua Castilho/Stockfood

SÜDSTAATEN

Smoked Beef Short Ribs & Grillgemüse

FÜR 4–6 PERSONEN

Short Ribs
4 EL Paprikapulver edelsüß
2 EL Salz
2 TL Selleriesalz
2 TL schwarzer Pfeffer aus der Mühle
1 Stück 5er-Kette Short Rib Beef (1,3–1,5 kg, beim Metzger vorbestellen)
5 EL Öl
2 Zwiebeln
250 ml Apfel-Cidre
350 g Woodchips (Hickory, Oak oder Mesquite)

Grillgemüse
50 ml Olivenöl plus Öl zum Bestreichen
je ein Zweig Rosmarin und Lorbeer
4–6 kleine rote Zwiebeln
8–12 kleine Tomaten
2 junge Fenchelknollen
2 grüne Paprikaschoten
4 kleine Spitzpaprika
1 Zucchini
Salz

ZUBEREITUNGSZEIT
1,5 Std. + 12 Std. marinieren + 5 Std. garen im Ofen

SCHWIERIGKEIT
●●●

1 Am Vortag: Gewürze mischen. Fleisch damit einreiben und 12 Std. abgedeckt im Kühlschrank marinieren.

2 Am Grilltag: Backofen auf 120 °C Ober-/Unterhitze vorheizen. Die Ribs in einem Bräter im Öl rundherum kurz anbraten.

3 Zwiebeln schälen, in Spalten schneiden und kurz mitbraten. Cidre angießen.

4 Deckel aufsetzen und die Ribs 5 Std. auf der untersten Schiene im heißen Ofen garen (nach 2 Std. 200 ml Wasser dazugießen). Im ausgeschalteten Ofen 30 Min. ruhen lassen.

5 Für das Grillgemüse Zwiebeln schälen, halbieren, Tomaten halbieren. Fenchel längs sechsteln. Paprika achteln, Spitzpaprika halbieren. Zucchini in dicke Scheiben schneiden. Gemüse salzen.

6 50 ml Öl mit Rosmarin und Lorbeer erhitzen. Gemüse mit Kräuteröl bestreichen.

7 Auf dem Grill die Kohle auf eine Seite schieben und so eine Hitze-und eine Ruhezone schaffen.

8 Ribs aus dem Sud nehmen, trocken tupfen, dünn mit Öl bestreichen. Auf direkter Hitze rundherum 6-8 Min. grillen. Fleisch in die Ruhezone legen.

9 Woodchips im Holzkohlegrill direkt auf die Glut streuen, auf Gas nach Geräteanweisung mit einer Räucherbox oder Alufolie arbeiten. Grill schließen und das Fleisch 10 Min. smoken, dann öffnen und das Fleisch in der Ruhezone wenden.

10 Gemüse über direkter Hitze sortenweise und minutenschnell grillen. Gegrilltes Gemüse in einer Grillschale in die Ruhezone zum Fleisch stellen.

11 Fleischsaft mit den Zwiebeln in einem kleinen Topf über der Glut erhitzen. Fleisch aufschneiden und mit Sud und Gemüse servieren.

FRANKREICH

Sardinen mit Grillbutter à la française

Rezept auf Seite 33

ARGENTINIEN

Loup de Mer „en papillote“ mit Chimichurri-Sauce

Rezept auf Seite 33

JAPAN

Sake-Hähnchen mit japanischem Krautsalat

FÜR 2–4 PERSONEN

Für die Tonkatsu-Sauce (jap. Grillsauce)

1 Knoblauchzehe
8 EL Ketchup
2 EL Pflaumenmus
1 EL Sojasauce
1 TL Reisessig
Sriracha-Sauce nach Belieben (oder andere Chilisauce)

Für den Spitzkohl-Ingwer-Salat

½ Spitzkohl
Salz
20 g Gari (eingelegter Ingwer, Asialaden)
1–2 TL Reisessig,
1 EL heller Ahornsirup

Sake-Hähnchen

2 Hähnchenbrustfilets ohne Haut
Salz
3 EL Sake
Öl

1 Knoblauch schälen und durchpressen, mit Ketchup, Pflaumenmus, Sojasauce, Reisessig und nach Belieben mit Sriracha-Sauce verrühren.

2 Spitzkohl entstrunken und möglichst fein schneiden. Mit Salz, 1 EL Gari-Sud, Essig und Ahornsirup weich kneten. Gari unterheben.

3 Hähnchenbrust schräg in 1–2 cm dicke Scheiben schneiden. Mit Salz und Sake würzen.

4 Hähnchenschnitzel dünn mit Öl bestreichen und auf dem heißen Grill 3 Min. grillen, dann wenden und nochmals 2 Min. grillen.

5 Mit Sauce und Krautsalat servieren.

ZUBEREITUNGSZEIT
25 Min.

SCHWIERIGKEIT
●○○

MEXICO

Tacos Campechano

FÜR 18 TACOS

Für das Beef Brisket

20 g Salz
1 EL Paprikapulver edelsüß
1 TL Pimentón (geräuchertes Paprikapulver)
1 TL gemahlener Ingwer
1 kg Beef Brisket (Rinderbrust aus dem Brustkern)
2 EL Olivenöl
1 große Zwiebel

Guacamole und Tacos

3 Avocados
1 Limette
1 EL Olivenöl
1 Bund Koriander
Salz
2 rote Zwiebeln
Rotweinessig
18 Tortillas (Ø 10 cm)

ZUBEREITUNGSZEIT
35 Min. + 12 Std. marinieren + 2 Std. grillen

SCHWIERIGKEIT
●●○

1 Am Vortag: Salz, Paprikapulver und Ingwer mischen, das Fleisch damit einreiben. 12 Std. im Kühlschrank marinieren.

2 Am Grilltag: Fleisch mit Öl einreiben, auf dem heißen Grill über direkter Hitze in einem Bräter in 4 EL Öl rundherum angrillen und 400 ml Wasser angießen.

3 Dann bei indirekter Hitze im geschlossenen Grill bei etwa 200 °C 2 Std. schmoren – alle 30 Min. wenden, ggf. Wasser nachfüllen.

4 Ist eine Kerntemperatur von 90 °C erreicht, das Fleisch im abgeschalteten Grill 30 Min. ruhen lassen, dabei einmal wenden.

5 Für die Guacamole Avocados halbieren, Steine entfernen. Fruchtfleisch aus der Schale löffeln, mit Limettensaft und Öl cremig-stückig zerdrücken.

6 Koriander waschen, trocken schütteln. 1–2 ganze Korianderstängel fein schneiden und unter die Guacamole rühren, salzen und kalt stellen. Restliche Korianderblätter abzupfen und beiseitestellen.

7 Zwiebeln schälen, fein schneiden, salzen und mit Rotweinessig besprenkeln, durchmischen.

8 Die Tortillas mit wenig Wasser anfeuchten und dann minutenschnell auf dem Grill bei milder Hitze erwärmen.

9 Tortillas mit Guacamole bestreichen. Fleisch heiß aufschneiden und darauf verteilen. Mit etwas heißem Schmorsud und Zwiebeln toppen. Mit restlichem Koriandergrün bestreut servieren.

MEXICO

Tacos Campechano

Rezept auf linker Seite

USA

Cheeseburger mit gegrillten Kräuterseitlingen

Rezept auf Seite 34

BRASILIEN

Picanha Churrasco mit Rotweinbutter

Rezept auf Seite 34

SPANIEN

Tapas mit Garnelen und Pimientos de Padrón

FÜR 4–6 PERSONEN

80 g weiche Butter
1–2 Msp. Piment d'Espelette (oder anderes Chilipulver)
1 TL Paprikapulver edelsüß
½ Biozitrone
mittelfeines bis feines Meersalz
250–300 g Pimientos de Padrón (Bratpaprika)
1 EL Olivenöl
20–30 große Garnelen, mit Schale, ohne Kopf
Kalamata-Oliven
12 Scheiben Serrano-Schinken
Rauchmandeln,
200 g Grissini

ZUBEREITUNGSZEIT
25 Min.

SCHWIERIGKEIT
●○○

1 Butter mit Chili und Paprikapulver cremig rühren. Zitronenschale fein abreiben und unterrühren. Butter salzen, in ein feuerfestes Förmchen geben und bei indirekter Hitze auf den Grill stellen.

2 Pimientos mit Olivenöl mischen und gleichzeitig auf direkter milder Hitze 4–6 Min. grillen, dabei zwei-, dreimal wenden.

3 Inzwischen Garnelen auf direkter Hitze von jeder Seite 2–3 Min. grillen.

4 Garnelen auf einer gewärmten Servierplatte mit der geschmolzenen Butter beträufeln. Pimientos abschließend mit Salz bestreuen.

5 Alles mit Oliven, Serrano-Schinken, Rauchmandeln und Grissini servieren.

NORDAFRIKA

Merguez mit Hummus und Salsa Tatemada

FÜR 4 PERSONEN

Salsa Tatemada (mexikanische Grillsauce aus stark gerösteten Zutaten)
6 Knoblauchzehen
2 Zwiebeln
500 g mittelgroße Tomaten
3–4 frische Jalapeño-Chilis (oder 5 grüne Pfefferschoten)
Salz
1 Bund Koriander

Hummus und Merguez
1 Knoblauchzehe
200 g Kichererbsen (Konserve)
150 g Tahin (Sesampaste)
1–2 Msp. Ras el-Hanout (nordafr. Gewürzmischung)
Saft von 1 Bio-Zitrone
Salz
4–8 Merguez-Bratwürste
kleine Fladenbrote
Olivenöl
schwarze Oliven

ZUBEREITUNGSZEIT
40 Min.

SCHWIERIGKEIT
●○○

1 Für die Salsa Knoblauch und Zwiebeln schälen, Zwiebeln vierteln.

2 Tomaten im Ganzen mit den Jalapeños, Zwiebeln und Knoblauch auf einer Plancha oder in einer großen Pfanne trocken sehr dunkel bis schwarz anrösten. Mit Salz würzen und abkühlen lassen. Dann mit einigen Korianderstängeln im Mixer pürieren.

3 Für den Hummus Kichererbsen abgießen und abtropfen lassen. Knoblauch schälen. Beides mit Tahin, Ras el-Hanout, Zitronensaft und 100 ml Wasser im Mixer cremig pürieren. Salzen.

4 Die Würste auf dem Grill bei mittlerer Hitze 8–10 Min. grillen, dabei öfter wenden.

5 Fladenbrote beidseitig kurz angrillen und wärmen.

6 Hummus mit etwas Salsa Tatemada, Olivenöl beträufelt anrichten. Mit Fladenbrot und Oliven zu den Merguez servieren.

MEIN TIPP:

„Für pürierte Saucen wie diese nehme ich immer alles vom Koriander, die Stängel schmecken ganz intensiv."

FRANKREICH

Sardinen mit Grillbutter à la française

FÜR 4 PERSONEN

Sardinen

12 frische Sardinen (küchenfertig à 30–50 g)
Salz
6 EL Olivenöl
1 TL abgeriebene Bio-Orangenschale
2 EL Rotweinessig
4 Scheiben Brioche-Toast (Bäcker)
1 Handvoll Friséesalat und Rauke
Dillspitzen

Für die Grillbutter

1 kleine, junge Knoblauchzehen
80 g weiche gesalzene Butter
1 Estragonzweig
2 Stängel krause Petersilie
1 Sardellenfilet (Anchovis),
1 TL Kapern Nonpareilles
½ TL fein abgeriebene Biozitronenschale
schwarzer Pfeffer aus der Mühle

ZUBEREITUNGSZEIT
25 Min. + mind. 6 Std. marinieren

SCHWIERIGKEIT
●○○

1 Sardinen unter kaltem Wasser abspülen, trocken tupfen. Nebeneinander in eine Form legen und leicht salzen.

2 Olivenöl mit Orangenschale und Essig mischen, Sardinen damit bestreichen. Mit Folie bedeckt im Kühlschrank ziehen lassen – 1 Tag vorher oder mindestens 6 Std.

3 Für die Grillbutter Knoblauch schälen, fein würfeln und mit der Butter verrühren.

4 Kräuter waschen, trocken schütteln, Blätter abzupfen und fein schneiden. Sardellenfilet hacken und mit den Kapern unterühren.

5 Knoblauchbutter mit Zitronenschale und Pfeffer würzen und in einem feuerfesten Förmchen bei indirekter Hitze auf den Grill stellen.

6 Sardinen abtropfen lassen und auf der Plancha oder in einer Grillschale auf direkter Hitze 3–4 Min. grillen, dabei einmal wenden.

7 Brioche auf dem Grill kurz anrösten, mit Friséesalat, Rauke und Kräutern auf Tellern anrichten.

8 Die Sardellen auflegen, mit der Butter beschöpfen und servieren.

ARGENTINIEN

Loup de Mer „en papillote" mit Chimichurri-Sauce

FÜR 2–4 PERSONEN

Chimichurri-Sauce

1 rote Zwiebel
1 Knoblauchzehe
8 EL Olivenöl
½–1 grüne Pfefferschote
1 TL Paprikapulver edelsüß
1 Msp. Pimentón (geräuchertes Paprikapulver)
1 EL Rotweinessig
je ½ Bund Koriander und krause Petersilie
Salz

Loup de Mer

1 Loup de Mer (Wolfsbarsch) à ca. 500 g, küchenfertig
je 1 Zweig Lorbeer, Rosmarin und Thymian
Olivenöl
1 Biozitrone

ZUBEREITUNGSZEIT
45 Min.

SCHWIERIGKEIT
●○○

1 Für die Chimichurri-Sauce Zwiebeln und Knoblauch schälen, fein würfeln und mit Olivenöl verrühren.

2 Pfefferschote längs halbieren, entkernen und fein würfeln, mit Paprikapulver und Essig zu den Zwiebeln geben. Kräuter waschen, trocken schütteln, Blätter abzupfen und fein schneiden. Ebenfalls unterrühren, alles mit Salz abschmecken.

3 Den Loup de Mer kalt abspülen, trocken tupfen, innen und außen salzen.

4 Den Bauch mit Lorbeer, Rosmarin und Thymian füllen. Fisch mit Olivenöl beträufeln und erst in Backpapier, dann in Alufolie wickeln (matte Seite nach außen).

5 Fisch bei mittlerer Hitze im geschlossenen Grill (ca. 200 °C) 15–20 Min. leicht glasig bis durch grillen, dabei einmal wenden.

6 Mit Chimichurri-Sauce und frischer Zitrone zum Beträufeln servieren.

MEIN TIPP:

„Die Chimichurri-Sauce lässt sich am Vortag anrühren – sie wird sogar besser, wenn sie etwas durchziehen kann!"

USA

Cheeseburger mit gegrillten Kräuterseitlingen

FÜR 4 BURGER

1 Rosmarinzweig
5 EL Olivenöl
4 Kräuterseitlinge
Salz
1–2 Tomaten
1 kleine rote Zwiebel
Weißweinessig
einige Blätter Römersalat
100 g Crème fraîche
1 TL fein geriebener Meerrettich
120 g Cheddarkäse,
4 Burger-Buns

ZUBEREITUNGSZEIT
ca. 45 Min.

SCHWIERIGKEIT
●○○

1 Rosmarinnadeln abstreifen und fein schneiden, mit Olivenöl verrühren.

2 Kräuterseitlinge putzen, längs in dicke Scheiben schneiden, auf einem Teller ausbreiten und salzen.

3 Tomaten waschen, trocken tupfen, in Scheiben schneiden und salzen.

4 Zwiebel schälen, in Ringe schneiden, salzen und mit Essig beträufeln.

5 Salat waschen und trocken schleudern.

6 Crème fraîche mit Meerrettich glatt rühren, leicht salzen.

7 Cheddarkäse reiben und auf 4 Grillpfännchen verteilen.

8 Pilzscheiben dünn mit Rosmarinöl bestreichen und auf dem Grill bei mittlerer Hitze von jeder Seite 2–3 Min. grillen.

9 Nebenbei den Käse in den Grillpfännchen am Rand des Grills schmelzen und die Burger-Brötchenhälften angrillen und wärmen.

10 Die Unterseite der Burger-Buns mit Meerrettich-Crème-fraîche bestreichen, mit Tomaten und Salat belegen.

11 Die Pilze auf den Burgern verteilen, mit Zwiebeln belegen und mit dem geschmolzenen Cheddar aus den Pfännchen toppen. Deckel aufsetzen und direkt servieren.

BRASILIEN

Picanha Churrasco mit Rotweinbutter

FÜR 6 PERSONEN

Für die Picanha
1 kg Tafelspitz vom Rind
Salz
Öl
1 Bund Lauchzwiebeln

Für die Rotweinbutter
200 g rote Zwiebeln
Salz
3 EL Olivenöl
1 Knoblauchzehe
20 g Zucker
125 ml kräftiger, trockener Rotwein
150 g weiche Butter

ZUBEREITUNGSZEIT
1 Std. + 3 Std. beizen

SCHWIERIGKEIT
●○○

1 Das Fleisch in 4 cm breite Stücke schneiden und so auf Metall-Grillspieße ziehen, dass die Fettseite nach außen zeigt. Rundherum salzen und im Kühlschrank 3 Std. ziehen lassen.

2 Zwiebeln schälen, in Streifen schneiden, salzen und in einer Pfanne in 2 EL Olivenöl 5 Min. unter Rühren glasig dünsten.

3 Knoblauch schälen, in Scheiben schneiden, mit Zucker zu den Zwiebeln geben.

4 Zwiebeln unter Rühren weitere 5 Min. schmoren, den Zucker dabei leicht karamellisieren lassen. Mit Rotwein ablöschen und ca. 15 Min. unter Rühren einkochen, bis alle Flüssigkeit verdampft ist.

5 Zwiebelmischung erkalten lassen, dann im Mixer kurz pürieren. Butter dazu geben, cremig rühren und leicht salzen.

6 Lauchzwiebeln waschen und salzen.

7 Das Fleisch vor dem Grillen leicht mit Öl bestreichen und auf direkter Hitze rundherum scharf anbraten, dann in Spießhalterungen legen und über mittlerer indirekter Hitze 12–15 Min. grillen, dabei immer wieder wenden.

8 Wenn die Kerntemperatur von ca. 50 °C erreicht ist, das Fleisch einige Minuten am Rand ruhen lassen.

9 Die Lauchzwiebeln mit Öl bestreichen und auf direkter milder Hitze 4–6 Min. grillen, dabei öfter wenden.

10 Fleisch in Scheibchen von den Spießen schneiden und mit Rotweinnutter und gegrillten Frühlingszwiebeln servieren.

www.bauhaus.info
BAUHAUS
Wenn's gut werden muss.
Kingstone
Exklusiv im BAUHAUS
Kingstone
statt 799,-
699,-
Kingstone Gasgrill
'Cliff 650-1'
Hauptgrillfläche 89 x 45 cm, 24,5 kW, 6 individuell regelbare Edelstahlhauptbrenner, 1 Infarotseitenbrenner, Piezo-Zündung für sicheres Zünden der Brenner, Warmhalterost, Grillspieß mit Motor inklusive LED-beleuchtete Bedienknöpfe, mit Rollen für hohe Mobilität
25533244
Grill an.
Alltag aus.
Macht gut, was euch guttut.
Angebot nur gültig bis 21.06.2023, solange Vorrat reicht.
Gemeinschaftswerbung der BAUHAUS Gesellschaften (vgl. www.bauhaus.info/gesellschaften oder unter Tel. 06 21/39 05 10 00)
BAUHAUS Gesellschaft für Bau- und Hausbedarf mbH & Co. KG Rhein-Main-Neckar, Bohnenbergerstr. 17, 68219 Mannheim
Folgen Sie uns auf:

VOLLE KONTROLLE
Der „Timberline 1300 D2" von Traeger (Colorado) erleichtert das Grillen dank vieler Automatikprogramme. 122 x 117 x 69 cm, 90 Kilo, € 1999, www.grill-concept.de

Heiße Ware

Gas, Holzkohle, Pellets oder Strom – womit man grillt, ist Geschmacks- und Typsache. Wir stellen aktuelle Geräte vor und geben Tipps zur richtigen Wahl

Die Bandbreite an guten Geräten in mehr Geschäften als je zuvor ist groß: Gartencenter, Baumärkte, Küchenausstatter und auch viele gute Metzger arbeiten mit Grillherstellern zusammen. Wie entscheidet man sich da für den passenden Grill? Ein paar Fragen helfen, den Gerätetyp einzukreisen: Soll der Grill fest auf der Terrasse stehen oder mobil sein? Wird er viel oder eher ab und zu benutzt? Ein einfacher Kugelgrill reicht aus für Gelegenheitsgriller und kann auch transportiert werden. Wer Spaß an Partys mit zehn oder mehr Gästen hat, sollte etwas Geld in eine große Grillfläche investieren. Hier ist ein Gasgrill der praktische Favorit: Er heizt sich schnell auf und hält die Hitze zuverlässig. So kann man ohne Pause grillen – oder auch mal eine einlegen. Das leisten auch Elektrogrills, sie brauchen allerdings eine Steckdose in der Nähe. Noch höhere Ansprüche erfüllen die neuen Pelletgrills: Diese innovativen Modelle können Fleisch autark und sehr lange schmoren – interessant für weniger gängige Stücke wie Rinderbauchlappen (Flanksteak) oder Schweineschulter (Boston Butt). Ein Pelletgrill kann sie theoretisch allein über Nacht auf den Punkt garen. Bedingung: ein reichlicher Vorrat an Pellets sowie Strom aus der Steckdose – und ausreichend Stellfläche, am besten auf der Terrasse, die Geräte sind große Kaliber.

Pelletgrills

Sie schmoren, grillen und räuchern mit Pressholzstäbchen (aus Eiche, Buche, Kirsche), die ihr Aroma an das Grillgut abgeben. Die Geräte halten dabei selbstständig die gewünschte Temperatur durch permanentes Nachmessen und Nachheizen und erzeugen kaum Abfall – brauchen aber Strom.

HIER GRILLT DER BOSS
Der Pellet-Grill „Pit Boss Navigator“ kann grillen, räuchern, backen und schmoren. Die Steuereinheit kontrolliert die Kerntemperatur des Fleisches mit den eingebauten Sonden. 147,2 x 94 x 119,5 cm, 88 Kilo. Ab € 900, www.gartenmoebel.de

DOPPELTE FREUDE
Der „Taran by Ignium" grillt bei geschlossenem Deckel über Holzkohle. Für die Nutzung als Feuerschale hebt man den Deckel ab und kippt die Grillschale in einem Winkel nach vorn. Aus Gusseisen, mit versch. Grillrosten, 77 x 46 x 115 cm, 59 Kilo, € 1789, www.der-feinschmecker-shop.de

AUFS EI GELEGT:
„Monolith" ist die deutsche Antwort auf die eiförmigen Kamado-Grills aus den USA und Japan. Seit Jahrhunderten wird in Asien in ähnlichen Tongefäßen gegrillt. Keramik-Kamados entwickeln enorme Hitze (über 350 °C), die stets überwacht werden muss. Dank Zubehör wie Plancha-Platte und Aufstellrost ist der Grill sehr vielseitig und kann auf mehreren Ebenen genutzt werden. „Monolith Kamado Grill Classic Pro 2.0", Ø 46 cm, 120 cm hoch, 130 kg. Inkl. Gestell € 1830, www.grillstar.de

Briketts & Holzkohle

Es knistert, raucht und glüht: Für viele ist das Grillen über Glut und Feuer der wahre Jakob. Schon das Anheizen und Warten auf die richtige Temperatur ist ein liebgewonnenes Ritual. Geübte bilden mit der Glut verschieden heiße Zonen und nutzen auch den Deckel für indirektes Grillen (s. Tipps auf S. 42).

RUSTIKAL
Auf zwei Ebenen gart der Schwenkgrill „Fireglobe" von Blumfeldt. 60 x 120 cm, € 280, www.blumfeldt.de

FOTO: Andi Mayr

Indoor-Grills

BBQ-Spaß für die Küche: Mit der heißen Edelstahlplatte des Teppanyaki lassen sich Fisch, Fleisch und Gemüse schnell scharf anbraten.

FÜR GOURMETS
Die Edelstahlplatte hat zwei Grillzonen, die sich unabhängig voneinander regulieren lassen und sich in weniger als fünf Minuten auf 250 °C aufheizen. „Bora Classic 2.0"-Set mit Flächeninduktions-Kochfeld, Abzug und Teppanyaki-Platte ab € 1250, www.bora.com

PRAKTISCH
Die Teppanyaki-Platte „KMTY" aus rostfreiem Stahl sorgt mit seinen vier Silikonfüßen für festen Stand auf allen Induktionskochfelder. 41 x 24,2 cm, 2,3 cm hoch, € 299, www.miele.de

HEISSE SCHALE
Die Feuerschale „Bowl" von Höfats funktioniert dank eines Rosts auch als Grill über Holzscheiten. In Ø 57 und 70 cm, ab € 249, verschiedene Gestelle, www.hofats.com

REINIGUNGS-TIPPS

- Gasgrills reinigt man per Pyrolyse: Bei großer Hitze und geschlossenem Deckel (ca. 20 Min. bei 300 °C) verbrennt alles zu Asche, die einfach entfernt wird.

- Roste von Kohle- und Elektogrill noch warm mit Metallbürsten (für Edelstahl Edestahlborsten, für Gusseisen Messingborsten) oder zerknüllter Alufolie vom gröbsten Schmutz befreien.

- Kaffeesatz oder mit Wasser zu Brei verrührte Grillasche reinigen Roste aus Edelstahl und Gusseisen, bei Edelstahl wirkt auch Essig, Natronlauge oder feuchtes Zeitungspapier über Nacht.

- Spachtel, Schwämme und Spüli halten Innenräume sowie Emaillehauben und -gehäuse sauber, Fettpfannen können oftmals sogar, vorher ausgewischt natürlich, in die Spülmaschine.

Gasgrills

Aktuelle Gasgrills haben komfortable Features wie Elektrozündung, Infrarot-Brenner für große Hitze und flexible Roste, in die eine Plancha oder ein Pizzastein platziert werden können. Halter für Zubehör, Abstellflächen und gutes Licht über der Fläche sowie beleuchtete Drehknöpfe machen Spaß.

GUTE LAUNE
Farbenfroh sind die Deckel von „Force" von Everdure. An dem Design-Grill mit zwei Brennern hat Starkoch Heston Blumenthal mitgewirkt. 106 x 117 x 74 cm, € 762, www.kamdi24.de

VIERFACHE BRENNLEISTUNG
bietet der Gasgrill „Cliff 450-I" von Kingstone. Zusätzlich lässt sich ein Infrarotbrenner an der Seite für scharfes Anbraten nutzen. 138 x 60 x 117 cm, € 599, www.bauhaus.info

MIT TRICHTER-TRICK
Ein Trichter im Innenraum des Kugelgrills „Ambri 480 G Evo" sorgt für gleichmäßige Hitzeverteilung und verstärkt die Aromen. Gleichzeitig leitet er austretendes Fett direkt in eine Auffangschale und vermeidet so Fettbrand. 57 x 82,5 x 99,7 cm, € 549, de.outdoorchef.com

MOBILER EINSATZ
Der kompakte Gasgrill „Manhattan" von Grillstar mit stufenloser Hitze lässt sich vom Untergestell abheben. 103 x 53 x 108 cm, € 179, www.bauhaus.info

FOTOS: Bauhaus, Andreas Marx

KOMPAKT
Ob anbraten, räuchern, dämpfen oder kochen – der multikunktionale „Lumin Compact Elektrogrill“ lässt keine Wünsche offen und eignet sich durch sein platzsparendes Design optimal für den Balkon. € 429, www.weber.com

ALLESKÖNNER
Profitauglich zeigt sich der neue „Plus Urban Master“ von WMF: Er erreicht mit 3000 Watt über 300 °C und bietet einen integrierten Backofen für kontrolliertes Garen. 100 x 52 x 36,5 cm, € 649, www.wmf.com

Elektrogrills

Dank Infrarot-Keramikbrennern erreichen auch Elektrogrills jetzt innerhalb weniger Minuten 800 bis 900 °C – diese Ultrahitze ist begehrt für kurzes Braten von Steaks. Um die Temperatur zu kontrollieren, sollte der Rost per Hebel in der Höhe verstellbar sein, neue Geräte regulieren die Hitze sogar per Drehknopf. Weiterer Pluspunkt: Sie lassen sich auch drinnen gut nutzen.

KANN LOSGEHEN
Schnell ist der „Smart E“ von Charbroil per Knopfdruck auf 250 °C aufgeheizt, 370 °C sind möglich. 54 x 121 x 140 cm, 2300 Watt, € 799, www.demmelhuber.net

Elf Tipps vom Champion

Er muss es wissen: Thorsten Brandenburg wurde 2017 mit seinem Team BBQ Wiesel Grillweltmeister, außerdem betreibt der gebürtige Nordrhein-Westfale den größten deutschen Barbecue-Blog

Text:
ALEXANDRA KILIAN

1

Hochwertige Produkte, besonders beim Fleisch, verwenden: Nur so lässt sich auch ein gutes Ergebnis erzielen. Lieber nur ein- bis zweimal pro Woche Stücke aus artgerechter Haltung konsumieren als täglich billiges Discounterfleisch aus Massentierhaltung.

2

Den Grill nicht zu heiß werden lassen. Sonst verbrennt das Fleisch, bevor es gar wird.

3

Die indirekte Grillmethode verwenden. Der Deckel eines Grills dient nicht nur als Regenschutz, sondern lässt dickere Stücke Fleisch zart und saftig gar ziehen.

4

Das Fleisch vorher salzen, aber erst nachher pfeffern, da der Pfeffer bei hoher Hitze verbrennt.

5

Ruhe und Geduld bewahren und das Fleisch nicht zu oft wenden. Wenn es noch am Rost klebt, ist es zu früh zum Wenden. Es löst sich von selbst, wenn der richtige Zeitpunkt gekommen ist.

6

Den Rost vor dem Grillen leicht einölen.

VOM HOBBYGRILLER ZUM CHAMPION
Acht Gänge vom Feuer machten Thorsten Brandenburg und sein Team bei den „WBQA World BBQ Championships“ im Jahr 2017 im irischen Limerick zum Grillweltmeister, den er bis 2022 verteidigen kann. Und jüngst wurde er bei den „World Food Championships“ in den USA zum „World BBQ Champion“ gekürt. Sein Instagram-Kanal „bbqpit“ zählt rund 60 000 Follower.

8

Niemals Spiritus oder andere flüssige Grillanzünder verwenden. Sicherheit geht vor, und die Gefahr von Stichflammen und daraus resultierenden Verbrennungen ist enorm. Lieber Anzündwürfel oder Holzwolle-Anzünder einsetzen.

7

Das Fleisch zum Warmhalten nicht in Alufolie einwickeln. Darin „schwitzt“ es unnötig und der Saft tritt aus.

9

Hochwertige Holzkohle oder Grillbriketts verwenden, denn gute Produkte brennen länger. Es gibt sogar Holzkohle- und Kokoskohlenbriketts, die man in Wasser löschen und beim nächsten Grillen wiederverwenden kann.

10

Ein Grillthermometer benutzen: Nichts ist ärgerlicher, als ein teures Stück Fleisch zu verbraten. Das Thermometer hilft, den perfekten Garpunkt zu kennen. Mittlerweile gibt es sogar kabellose und per App nutzbare Varianten.

11

Wenn ich mich für einen Grill entscheiden müsste, dann für eine Keramikvariante wie das „Big Green Egg“. Ein Keramikgrill ist ungemein effizient. Er speichert die Hitze sehr lang und gibt sie gleichmäßig ans Grillgut ab. Mit einer Füllung Holzkohle lässt sich so problemlos 12–15 Stunden indirekt grillen, etwa Pulled Pork.

FOTO: Enders

Eins mit der Natur

Wagyu-Rinder in der Steiermark? Ja, in einem Musterbetrieb! Josef Zotter engagiert sich mit eigener Landwirtschaft für bewussten Fleischgenuss

Text: ALEXANDRA KILIAN *Fotos:* GÜNTER STANDL

ERSTE SCHRITTE
Nach Wochen im Stall genießen die Wagyu-Jungtiere das satte Gras der Weiden

STALLDIENST
Johann Lafer und Josef Zotter füttern die Wagyus. Der Name der japanischen Rinderrasse wird übrigens Wag-ju ausgesprochen. Ihr Fleisch ist hocharomatisch dank starker Marmorierung

BILDERBUCH-LANDSCHAFT
Die Riegersburg auf dem 482 Meter hohen Vulkanfelsen. Hier, im gleichnamigen Ort, befindet sich auch Josef Zotters Landwirtschaft

Neugierig trappeln die Rinder heran. Josef Zotter geht durch das Gatter zu ihnen auf die Wiese, er hält einen Eimer in der Hand und verteilt kleine Futtergaben daraus vor ihnen. „Ja, Wuzzis, kommt's her", sagt er. Er strahlt dabei, ein wenig aufgeregt ist er, scheint es, und die Rinder kommen, nach und nach, vorsichtig, während er beim Füttern langsam rückwärts geht. Zierlich, fast schmächtig sind sie, dunkelbraun, mit relativ kleinen, grauen, recht geraden und erst am Ende kurz geschwungenen Hörnern. „Ja, mein Freund, komm her", sagt Johann Lafer, der Josef Zotter auf die Wiese gefolgt ist. Ganz ruhig, rücksichtsvoll läuft auch er auf die Tiere zu – da wird es ihnen mit Josef, Johann und Fotograf dann doch zu eng. Mit einem Bocken startet das erste der Rinder durch, sie stieben auseinander und jagen mit Tempo und Luftsprüngen davon, in die Weite der Hügel des Vulkanlands, kein Zaun in Sicht. „Schau, schau, was für einen Platz und Spaß die haben!", sagt Johann, und Josef nickt, immer noch strahlend.

Josef Zotter ist weniger für seine Landwirtschaft, sondern mehr für seine Chocolatier-Imperium in der Steiermark bekannt, das er mit handgeschöpften Schokoladen in Graz startete und das mittlerweile als eines der nachhaltigsten Unternehmen Österreichs gilt. Die Sache mit den Tieren begann erst viel später, vor rund zehn Jahren, und zwar schleichend. Eigentlich wollte Josef Zotter immer weg von der Landwirtschaft seiner Eltern, er lernte Koch, Kellner und Konditor, arbeitete in Wien, New York, bevor er in Graz eine Konditorei eröffnete. Nach der Pleite 1996 vermachte ihm der Vater den Stall, nicht die Landwirtschaft, er kehrte zurück ins Vulkanland, baute dort sein Schokoladenimperium auf. Doch als ihm der Nachbar sein Anwesen mit landwirtschaftlichem Betrieb verkaufen will, zögert er nicht.

„Ich sah die Landwirtschaft leiden, das große Gefälle, da musste etwas passieren", sagt Josef Zotter heute. Er kaufte Jungrinder, damals noch Hochlandrind, „Kuschel-Kuh Bonnie" und „Paulie" waren die ersten, wie sich Tochter Julia erinnert, ihr Fleisch war für Familie

„Wir sind ein Social Enterprise mit Bio, Fairtrade, Umweltschutz und Transparenz. Das ist etwas, dem man sein Leben widmen kann.“

Josef Zotter

KRAUSE GESELLEN
Ein wolliges Fell haben Mangalitza, eine von vier alten Schweinerassen, die Zotter pflegt

und Mitarbeiter gedacht. Nach und nach kamen immer mehr Nachbarhöfe dazu. Heute gehört den Zotters eine Satelliten-Landwirtschaft aus 14 Höfen mit insgesamt 95 Hektar Fläche, dazu zählt der „Utopia-Bio-Weingarten“, wo Wein in Mischkultur mit Obstbäumen wächst, zwischen denen Schwarzputen grasen, außerdem gibt es eine Photovoltaikanlage für 100 Prozent Ökostrom, die den eigenen sowie 60 weitere Haushalte versorgt. Im „Essbaren Tiergarten“ können zudem heimische Schafe, Ziegen, Schweine und Puten begutachtet und manche auch gestreichelt werden, es wachsen regionale Obst- und Gemüsesorten, es gibt einen „Kunst Park“, „Ideenfriedhof“, eine Riesenrutsche, Bauerngolf, den Motorikparkours. Und man kann das selbst geschlachtete Bio-Fleisch der eigenen Weiderinder natürlich auch in der „Öko-Essbar“, der „Hof-Grillerei“, dem „Würstelstand“ oder der „Feinkostbar“ probieren. „Schau deinem Essen in die Augen, dann entscheide, wie groß dein Schnitzel sein soll“, ist das Motto, mit dem Josef Zotter versucht, Besuchern bewussteren Fleischkonsum nahezubringen. Wie werden Lebensmittel hergestellt, wo kommen sie her, wie kann eine ökologische Landwirtschaft aussehen? Das sind die Fragen, auf die er Antworten geben möchte.

„Wir sind ein Social Enterprise mit Bio, Fairtrade, Umweltschutz und Transparenz. Das ist etwas, dem man sein Leben widmen kann“, sagt Josef Zotter. Und Johann Lafer nickt. „Absolut“, sagt er. Gemeinsam gehen sie von der Weide in Krennach, rund zehn Minuten von Riegersburg entfernt, zum Stall. Neben 60 Schweinen und drei Wasserbüffeln leben rund 70 Rinder hier, davon 28 reine Wagyus, drei Hochland- und acht Murbodner, eine uralte regionale Rasse, der Rest ist eine Kreuzung aus Angus und Wagyu. Warum er angefangen habe, sich

AUSLAUF
Eine wenig skeptisch schaut Josef Zotter schon – aber seine Wagyus sind ganz friedlich

ZARTE VERSUCHUNG
Nussig und intensiv schmeckt der hauchzart aufgeschnittene Rinderschinken mit feinem Räucheraroma

DUFTSTOFF
In der Fleischwerkstatt reifen Wagyu-Schinken. Bei Zotter wird alles vom Tier verwendet

METZGER MIT SEELE
Josef Winkler sorgt für das Wohl der Tiere beim Schlachten und verantwortet die Fleischproduktion

nun auf die aus Japan stammenden Rinder, deren Fleisch mit besonders feiner Marmorierung und buttrig-nussigem Geschmack als Delikatesse gilt, zu konzentrieren? „Die Qualität ist außergewöhnlich, wir wollten den Geschmack steigern und den Tieren den dafür nötigen Platz geben", sagt Josef Zotter. Das sei ihm wichtiger als die teure Beschaffung und Unterbringung der Luxusklasse unter den Kühen. Und dass er Vorbild sein möchte, Transparenz schaffen, weg von der Massentierhaltung will – auch wenn er damit unter den Landwirten hier schon als „Bauernhofromantiker" bezeichnet wurde.

Welchen Aufwand ihm das wert ist, zeigt Josef Zotter in der hauseigenen Metzgerei in Auersbach, fünf Minuten vom Stall entfernt. Auf sie wartet Josef Winkler, der den Weg des Tieres aus der Schlachtbox, in der es direkt am Stall gefüttert und währenddessen betäubt und dann getötet wird, bis zur Nose-to-tail-Verarbeitung sicherstellt. Hängend blutet das Tier aus, bevor es in die Brüh- und Enthaarungsmaschine kommt. Dann wird das Fleisch durchgekühlt, um entstandenen Zucker und

Phosphor abzubauen, bevor das Tier zerlegt und weiterverarbeitet wird. Gemeinsam gehen die drei durch die Kühlräume und die Trocknung, schauen, wie im Kutter, einer großen Mischmaschine, gerade Salami entsteht, bevor sie bei den fertigen Produkten ankommen. „Ich werd' wahnsinnig, schau mal hier, Paprikaspeck, Kochschinken, und wie weiß der Lardo ist – und die Marmorierung von dem Fleisch hier, das ist doch irre!", sagt Johann Lafer und scheint plötzlich auch ein wenig aufgeregt. Nussig-intensiv schmeckt der Wagyu-Schinken, den er dann probiert, mit feinem Räucheraroma, Marmorierungsstufe 8 bis 9 von 12 möglichen. „Sensationell, einfach Natur pur", sagt er.

Rund 40 Fleischprodukte entstehen aus den jährlich 80 geschlachteten Schweinen der Rassen Mangalitza, Edel-, Duroc- und Schwäbisch-Hällisches Landschwein, 20 bis 25 Rindern und 200 Hühnern im Zotter-Betrieb: Salamistangerl, Rinder- und Schweineschinken, Zotters Liebling Käsewurst, Steaks, Ragouts und Lardo kann man online oder im Shop der Schokofabrik kaufen. Den Großteil genießen Gäste sowie Mitarbeiter jedoch in den hauseigenen Restaurants als Wagyu-Burger, „Zott-Dogs" oder Bratwürstel „Eigentlich bin ich ja nur Chocolatier", sagt Josef Zotter, „aber ich versuche, meinen Beitrag zu leisten." „Ja, eben, er ist Patissier, das ist doch verrückt!", sagt Johann Lafer und schaut seinen alten Bekannten an. „Das ist die Zukunft, wenn alle so mitdenken, authentisch und ehrlich."

> ”Wie weiß der Lardo ist, und die Marmorierung von dem Fleisch, das ist irre."
>
> *Johann Lafer*

„Weg von der Masse, hin zum Genuss“

Josef Zotter

KÖNIGSKLASSE
Koch, Konditor, Fabrikant und Landwirt: Umtriebig ist der 62-jährige Josef Zotter und gleichzeitig ein Bewahrer

Josef Zotter und Johann Lafer sind sich einig: Die Zukunft braucht Innovationen – und Tradition. Auf die Balance kommt es an. Zwei Steirer über ihre Heimat, sanften Tourismus und den Fleischgenuss von morgen

Interview:
ALEXANDRA KILIAN

Fotos:
GÜNTER STANDL

Lafer Journal: Stimmt es, dass wir uns das erste Mal auf dem Steiermark-Frühling in Wien begegnet sind? Einmal im Jahr veranstaltet das Land doch ein großes regionales Fest in Wien am Rathausmarkt, wo sich die Aushängeschilder der Region präsentieren.
Josef Zotter: Das kann sein, ja! Du wurdest immer für die Eröffnung gebucht, und da gab es einen obligatorischen Rundgang mit Bundespräsident Heinz Fischer und Bürgermeister Michael Häupl – und bei meiner Torte hat der Fischer immer die ganze Schokolade weggegessen.

Genau, der ist ja auch Steirer. Da hast du schon lange Schokolade gemacht.
1992 habe ich angefangen, wir haben uns um die Jahrtausendwende kennen gelernt. Das ist jetzt auch schon fast ein Vierteljahrhundert her. Und nun schau, was seitdem alles in der Heimat passiert ist. Ich fand es immer beeindruckend, wen du alles zu diesen Veranstaltungen mitgebracht hast: Journalisten, Fernsehen, Kunden, in Busladungen.

Zotter war immer ein Highlight, da kamst du gar nicht dran vorbei. Es gab ein paar Weingüter, Vulcano-Schinken und Stollenkäse, sonst war kulinarisch in dem Teil des Landes nichts los. Und du warst schon immer deiner Zeit voraus.
Wir haben mittlerweile über 500 Artikel und bringen jedes Jahr 60 bis 80 neue heraus, erfolgreich sind die nicht immer. Aber man muss was wagen, sonst findet man nicht heraus, was funktioniert.

Mir hat in der Heimat immer die Modernität, der Freizeitwert gefehlt. Ich war geradezu schockiert, wie sehr die Menschen, auch meine Familie, an der Tradition festhalten wollten, sie waren nicht bereit oder offen für Neues. Das hat sich erst mit der jetzigen Generation geändert, weil sie rumkommen, sehen, was es auf der Welt noch gibt, und auch zu Hause etwas Besonderes schaffen wollen. Aber genau dieser Stillstand davor ist nun das große Glück der Steiermark. Man findet hier noch authentische Perlen. Hier hat kaum einer Größenwahn oder Profitgier. Es gibt besondere Produkte, aber nicht Massen davon, und die sind in der Verbindung mit einem Hersteller wie etwa dir attraktiv für den Konsumenten.
Das ist auch beim Wein so und bei vielen anderen Kollegen. Und es ist schön, dass es dieses Alleinstellungsmerkmal inzwischen für die Region gibt. Ich weiß noch, als wir und Gölles als erste Kulinariker damals ins Burgund gefahren sind, um zu sehen, wie Tourismus funktionieren kann.

Mir hat gerade jemand gesagt: „Johann, in der Steiermark, deiner Heimat, ist das ‚Grüß Gott' noch ernst gemeint." Hier wird nichts vertuscht oder aufgebauscht, es gibt keinen Pseudo-Klimaschutz, sondern hier machen die Leute es so, wie sie es sagen.
Auch dass es keinen flächendeckenden Vertrieb gibt, ist eher gut als schlecht für die Marken. So lassen sich auch höhere Preise abfragen. Der Schwung im Tourismus kam mit den Thermen. Aber er muss immer eine gewisse Balance haben. In Lech zum Beispiel kannst du gar nicht mehr leben, da sind nur noch Touristen. Hier leben die Leute. Und das spüren die Besucher. Und unser Glück gegenüber der Südsteiermark ist, dass hier auch noch nicht alles voll von Hotels ist.

1998 habe ich eine sechswöchige Tour für Journalisten aus aller Welt organisiert. Die haben alle im Hundertwasser Hotel gewohnt, wir waren auf der Rennstrecke Fürstenfeld, im Winzerhaus Kogelberg und so weiter. Und diese Journalisten waren so fasziniert von der Natürlichkeit der Region, die ja schon beim Flughafen in Graz anfängt. Wenn du in die Toskana fährst, weißt du, was dich erwartet, hier nicht. Hier fragen ja manche sogar, ob wir jetzt in Austria oder doch in Australia sind.
Deswegen habe ich jetzt auch Känguruhs im Tiergarten. Aber mal ernsthaft, die Kleinteiligkeit hier ist inzwischen unser Vorteil. Weil wir so nachhaltig und ökologisch sein können. Das ist sanfter Tourismus, Entschleunigung. Kein Rambazamba wie in Ischgl.

Ja, da war ich gerade, da gibt es nur Vollgas. Diese Abzocke, die da betrieben wird. Da kommt der Service alle zwei Minuten mit einem Tablett voller Drinks. Hier in der Steiermark gab und gibt es gar nicht die Möglichkeit zur Masse. Die Betriebe sind nicht für Größe ausgerichtet, sondern für Qualität. Und das Freizeitangebot ist limitiert. Das ist das Glück.
Weg von der Masse, hin zum Genuss, das ist das Thema. Einen USP schaffen. Da sind wir uns ähnlich.

Ja, wir emotionalisieren, personalisieren. Du hättest ja auch Marmelade machen können. Hast du aber nicht. Sondern Schokolade – und nun auch noch Wagyu.
Ja, Marmelade gab es schon genug. Und die Landwirtschaft ist einfach so tief in mir verankert, letztlich bin ich doch wieder bei ihr gelandet.

Langweilig ist dir mit deinem 250-Mann-Betrieb aber nicht geworden, oder? Warum jetzt noch die Rinder?
Es war der Nachbar, der mich dazu gebracht hat, als er mir seine Landwirtschaft anbot. Zuerst habe ich gedacht, ach, dann baue ich zur Chocolaterie noch einen Streichelzoo für die kleinen Besucher. Daraus wurde der „Essbare Tiergarten", die ersten eigenen Fleischprodukte, die irgendwann unsere Gastronomie stemmen und auch noch alle Mitarbeiter ernähren konnten. Dann wurden aus den Schweinen Schwäbisch-Hällische und Duroc und aus den Rindern Hochland, Angus und Wagyu. Es schien mir eine natürliche Steigerung. Je mehr man sich mit dem Thema beschäftigt, desto mehr will man es richtig machen. Wagyu kannte ich aus Japan, da

FORTSCHRITT
Wie wohl die Zukunft dieser Jungtiere aussieht? Wenn es nach Josef Zotter geht, bleiben sie auf der Weide, während ihr Fleisch in einer Petrischale gezüchtet wird

kostete das Kilogramm 350 Euro, das ist ja absurd. Hier kosten sie im Unterhalt genau so viel wie die normalen Rinder.

Aber deine sind doch eine Züchtung aus zwei verschiedenen Rassen?
Wir haben auch Vollblut-Wagyu, 28 Stück. Die in Kobe Kobe heißen, aber hier eben nur Wagyu. Das ist wie mit Champagner. Dazu haben wir noch eine Kreuzung aus Angus und Wagyu sowie Hochlandrinder.

Und gibt es da noch eine Steigerung? Was kommt als nächstes?
Was Rindfleisch betrifft, sicher keine. Ein reines Wagyu kannst du komplett in Scheiben schneiden und alles frisch auf den Teppanyaki-Grill werfen, von Kopf bis Fuß. Aber ihr Organismus scheidet Nährstoffe unheimlich schnell wieder aus. Da speichern die anderen Rassen mehr. Und deswegen halten wir die Kreuzung aus Angus und Wagyu für eine sehr gute. Weil Angus gutes Steakfleisch liefert und nährstoffreicher ist, Wagyu dafür das Fett und den Nussgeschmack bietet.

Welche Marmorierungsstufe haben deine Wagyus?
Acht bis neun. In Japan hat das Fleisch oft die höchste Stufe 12, aber nur, weil die Tiere sich in den letzten Monaten nicht mehr bewegen dürfen und am Boden gehalten werden. Nur deswegen werden sie auch massiert – das wird ja immer als Luxusbehandlung empfunden, dabei ist das mehr eine Überlebensmaßnahme. Das wollen wir bei uns nicht, es wird nicht massiert, dafür dürfen die Tiere bis zum Schluss auf die Weide, und dann hat ihr Fleisch eben nur 8 von 12 Stufen und schmeckt immer noch außergewöhnlich gut.

Du bist, positiv gemeint, ein Verrückter. Für den nur das Beste der Ansporn ist. Du möchtest das Optimum, und das treibt dich immer wieder an. Und solche Leute brauchen wir. Leuchttürme, die für junge Leute Motivation ausstrahlen und Besonderes schaffen.
So wie du. Man darf nur nicht den Fehler machen zu denken: Mensch, das schaut ja alles großartig aus und ist wirtschaftlich so erfolgreich. Dafür müssen wir jeden Tag arbeiten – und immer begeistert von unserem Produkt bleiben, sonst funktioniert es nicht.

Und die Wagyus werden auch künftig nur im Betrieb vertrieben?
Ja, das bleibt so. Obwohl mir das wenige glauben, wenn ich das sage.

Das System Zotter funktioniert, weil du hinter den Produkten stehst. Wenn das noch größere Ausmaße annehmen sollte, muss man neu denken.
Am Ende bleibe ich hauptsächlich Chocolatier. Auch wenn ich gerade Container gekauft habe, um als nächstes eine Pilzzucht anzufangen. Ich will ein Burgerpatty entwickeln, das 50 Prozent Wagyu und 50 Prozent Pilz enthält. Um zu zeigen, dass auch die Hälfte an Fleisch immer noch geil schmeckt.

Der Ausweg aus der Massentierhaltung muss geschaffen werden. Und das, was du hier machst und probierst, zeigt genau dafür Optionen.
Es gibt noch eine: In den USA gibt es schon Klone von unseren Tieren. Weil wir wissen wollen, ob auch Laborfleisch funktioniert. Da stirbt kein Tier, weil es weiter bei uns lebt, du kannst es aber trotzdem essen. Das ist ein immer noch sehr teures Verfahren, aber es ist ein Anfang. Und eine große Vision von mir. Die Tiere stehen auf der Wiese, parallel wird ihr Fleisch im Silo nebenan hergestellt und am Ende müssen sie nicht für deinen Burger sterben. Das ist ethisch – wie die KI – noch ein heikles Thema. Aber auch ein großes – und nun mal die Zukunft. Mir kann es da gar nicht schnell genug gehen.

Solange du das Fleisch nicht aus dem 3-D-Drucker holst – absolut.

STAATL. FACHINGEN
Seit 1742
STILL
STAATL. FACHINGEN
MEDIUM
feinperlend und erfrischend

ENTDECKENSWERT
In der Südoststeiermark, rund um die Riegersburg, kann man kulinarische Schätze heben

Zu Gast im Herz der Steiermark

Preisgekrönte Weine, Schinken von rundum verwöhnten Schweinen, kunstvoll affinierter Käse und herzliche Gastgeber: Das südoststeirische Vulkan- und Thermenland ist ein wahres Eldorado für Genießer

Genusshotel Riegersburg

Burgblick inklusive: 41 der 46 Zimmer und Suiten des Hotels haben eine Terrasse auf den vier Etagen, die sich in den Hang des Großstarzenbergs schmiegen. Zum herzlichen Service und Entspannungsangebot mit Panorama-Liegeterrasse, Außenpool und Sauna legt das 28-köpfige Team um Florian Strasser zudem Wert auf Kulinarik mit hauseigenen Produkten wie Quellwasser aus den Zimmerbrunnen, im Haus gereiftem Starzenberger dry-aged Beef oder Käse, Marmelade und Balsamessig. Wanderer versorgt der „genussvolle Wanderrucksack“ mit regionalen Köstlichkeiten. Der Refresh mit natürlichen Materialien, edlem Design und wesentlich großzügiger gestalteten Flächen ist ein echter Gewinn.

Starzenberg 144, A-8333 Riegersburg, Tel. +43/315 32 00 20, www.genusshotel-riegersburg.at

FOTOS: Rudi Ferder/Genusshotel Riegersburg (3), Chris Rogl, Gunter Standl

Genussgut Krispel

Für die ausgezeichnete Qualität des steirischen Sauvignon Blancs steht derzeit Stefan Krispel. Bei der Blindverkostung des 14. Concours Mondial du Sauvignon 2023 in Franschhoek, Südafrika, gab es kürzlich Silber und Gold. Animierend ausdrucksstark sind seine Weine, die vom milden Klima und den basalthaltigen Vulkanböden des seit zwei Generationen familienbetriebenen Guts profitieren. Stefan macht den Wein, Lisa die Patisserie, Julia organisiert das Gut, Mutter Daniela schaut auf die Zahlen und Vater Toni auf die Wollschweine. Wer möchte, übernachtet nach Gutstour und Besuch im Restaurant mit Sauvignon-Blanc-Probe in einem der sieben Gästezimmer.

Neusetz 29, A-8345 Hof bei Straden, Di–Sa 10–12 und 14–18 Uhr, So 9-12 Uhr, Tel. +43/34 73 78 62, www.krispel.at

Riegersburg mit Greifvogelwarte

Ein barrierefreier Wanderweg belohnt mit einen atemberaubenden Blick auf die in 482 Metern Höhe thronende, rund 900 Jahre alte Festung auf dem Vulkanfelsen. Allein zwölf Basteien beherbergt sie, sechs Toranlagen, eine drei Kilometer lange und 15 Hektar Fläche umschließende Wehrmauer, Burggraben und Vorburg, ein Burg-, Hexen- und Waffenmuseum, ein Zehn-Hektar-Weingut, eine Kapelle sowie das Hochschloss im spätbarocken Baustil. Und wer nach Aufstieg und Besichtigung noch weiterer Aktionen bedarf, kann sich im Bogenschießen im 3-D-Parcours versuchen oder bei den beeindruckenden Flugvorführungen den Greifvögeln zuschauen.

A-8333 Riegersburg 1, April und Oktober Mo–So 10–17 Uhr, Mai–September Mo–So 9-18 Uhr, www.dieriegersburg.at

Essigmanufaktur Alois Gölles

Alois Gölles senior legte den Grundstein für den Obstbau in Riegersburg, als er in den 50ern begann, als einer der ersten südsteirischen Bauern Apfelbäume zu kultivieren. Sein Sohn (l.) veredelte sie zu Saft und Wein und machte daraus eine international anerkannte Destillerie für feine Essige und Edelbrände. Bis 1999 war sein Apfel-Balsamessig der weltweit erste und einzige. Rund 20 verschiedene Sorten Brände und Essige von Zwetschgenbrand bis Tomatenessig gibt es inzwischen in der „Gläsernen Manufaktur" zu probieren, außerdem können die Schnapsbrennerei und der Obstgarten besichtigt sowie Liköre verkostet werden. Und die Nachfolgegeneration? David Gölles, der älteste Sohn, stellt mit seiner Partnerin Katharina Fleck am Fuße der Riegersburg Whiskey, Gin und Rum her.

Stang 52, A-8333 Riegersburg, Mo–Sa 10–18 Uhr, www.goelles.at

Vulcano Schinkenmanufaktur

Hier wird Tierwohl großgeschrieben, Kratzbürsten, Duschen, viel Platz und Lebenszeit, ökologisches Futter sowie klassische Musik stehen für die Schweine bereit. Ihr Schinken, den Bettina Habel hier dem begeisterten Johann Lafer zeigt (l.), reift am Knochen 12 bis 60 Monate mit einer Gewürzmischung an der Luft und kann als Selekt, Premium oder Reserve gleich vor Ort im Restaurant genossen werden. Zudem gibt es Räucher- und Schinkenspeck, Hauswürstel und vieles mehr: Das Sortiment des seit 20 Jahren bestehenden Familienbetriebs ist groß und der Besuch auf dem Hof von Familie Habel in Auersbach ein Erlebnis.

Auersbach/Eggreith 26, A-8330 Feldbach, Mo–Sa 9–18 Uhr, Sept–Okt Mo–So 9–18 Uhr, www.vulcano.at

Restaurant „Lilli Fehring"

Wer bei Walter Triebl und seiner Partnerin Verena Leitner in Fehring in moderner Wirtshausatmosphäre isst, wird mit hervorragenden Produkten, Handwerk und innovativen Geschmacksideen sowie herzlichem authentischem Service belohnt. Das junge Paar eröffnete sein erstes Restaurant 2021 und hebt hier die Grenzen zwischen typisch steirischer Küche und klassischem Fine Dining schlichtweg auf. Man kann zwischen Klassikern wie Schnitzel und einem Menü mit Gerichten wie Seesaibling mit Rettich, Rhabarber und Nori-Alge oder Ente mit Sellerie, Mohn-Miso und Morcheln wählen. Im Sommer lockt der sonnige Gastgarten. Eine echte kulinarische Bereicherung für die Region!

Hauptplaz 9, A-8350 Fehring, Mo, Do–Sa 10–24 Uhr, So 10–16 Uhr, Tel. +43/315 52 10 12, www.lilli-fehring.at

Fromagerie „The Cheese Artist"

Salzburger und Diplom-Käse-Sommelier ist Bernhard Gruber, der mit seiner Frau die Fromagerie nahe der Riegersburg mit besonderen Sorten wie Schaf mit kandierter Mango und Rose, Ziegenkäse mit Milbenrinde, Camembert mit steirischem Apfel, Steinmehlkäse oder einem Rohmilch-Minibrie betreibt. Die Bio-Milch dazu stammt von der regionalen Bäuerin Iris Fritz aus Großwilfersdorf. Reifekeller und Butterei können besichtigt und vor der Schauküche alle Produkte mit regionaler Weinbegleitung probiert werden. Bei den Führungen werden nicht nur Käse und Veredelung gezeigt, sondern auch ganz einfache Fragen beantwortet – etwa wie die Löcher in den Käse kommen.

Bergl 2, A-8333 Riegersburg, Mi–Sa 10–18 Uhr, So, feiertags 10.30–17 Uhr, www.thecheeseartist.at

Weingut Krenn.49

Steirische Wurzeln im Glas – das gelingt Barbara und Josef Krenn (l.), die in dritter Generation den nur fünf Hektar großen Weinberg mit kargem, sandigem Lehmboden in sonniger Südwestlage auf 420 Meter Seehöhe nach biologischen Richtlinien bewirtschaften und die Trauben zu 100 Prozent handverlesen. Von den rund 20 Meter in die Tiefe wurzelnden Rebstöcken werden biodynamische Naturweine gewonnen. In der Weinschänke lassen sich die komplexen und feingliedrigen Tropfen gleich vor Ort zu Gerichten wie hausgemachtem Ziegenhupf, Kürbiskernpesto mit Bauernbrot oder Tatar vom Bio-Weiderind plus der charmanten Herzlichkeit der jungen Gastgeber genießen.

Edelsbach bei Feldbach 49, A-8332 Edelsbach, Do und Fr 10-18, Sa 9-12 Uhr, Tel. +43/66 49 14 64 01, www.krenn49.at

Geschwister Rauch

Bruder Richard und Schwester Sonja Rauch haben sich mit ihrem Restaurant in Trautmannsdorf über die Grenzen des Vulkan- und Thermenlandes hinaus einen Namen gemacht. Es gibt Innereien und Fine Dining in Wirtshausatmosphäre wie etwa Wagyu (von Zotter!) mit wildem Spargel, Erbsen, Zuckerschoten und Miso-Holandaise (r.). Dazu ein ausgezeichnet kuratiertes Angebot von rund 300 Positionen österreichischer Weine. Gleich nebenan bieten die Rauchs einen Delikatessenladen namens „Mein Bruder der Koch", gegenüber lädt ihre „Villa Rosa" in einem alten Herrenhaus von 1913 mit sechs Zimmern und zwei Suiten sowie einer Kochschule zum Bleiben ein.

Trautmannsdorf 6, A-8343 Bad Gleichenberg, Tel. +43/31 59 41 06, www.geschwister-rauch.at

FOTOS: Peter M. Mayr, Günter Standl (3)

Schalk Mühle Genussmanufaktur

In sechster Generation pressen Franz und Rainer Schalk Kürbiskernöl auf einer der ältesten Ölpressen Österreichs, mit vorbildlich ökologischem Fußabdruck und zu 100 % biologisch. Denn den Strom erzeugen das eigene Wasserkraftwerk an der Feistritz sowie die Photovoltaik-Anlage. Neben dem mehrfach prämierten Bio-Kürbiskernöl mit geschützter geografischer Herkunft gibt es Produkte wie Mohn-Pesto, Goldleinöl, Bio-Saaten und Hülsenfrüchte, die ihren Weg mittlerweile in über 100 weitere Länder finden. Bei der Mühlenbesichtigung können Besucher erleben, wie Mehl erzeugt und Wasser zu Strom wird, wie sich die Fische am Wasserkraftwerk tummeln und schließlich natürlich wie aus Kürbiskernen schwarzes Gold wird.

Kalsdorf 18, A-8262 Ilz, Mo–Fr 9.30–15.30 Uhr, www.schalk-muehle.at

Steak-Guide

Steaks vom Rind sind die Königsklasse auf dem Grillrost.
Aber Steak ist nicht gleich Steak – der Cut macht den Geschmack

DER RICHTIGE SCHNITT

Bei Steaks gibt es erhebliche geschmackliche Unterschiede, die vom sogenannten Cut abhängen, also vom Zuschnitt, Fett- und Knochenanteil und dem Körperteil, aus dem das Fleischstück stammt. Welchen Cut man bevorzugt, ist nur von der persönlichen Vorliebe abhängig.

Die meisten klassischen Beef Cuts haben ihren Ursprung in der Steak-Kultur der USA und werden aus dem Rücken des Rindes gewonnen, zwischen der Schulter vorne und der Keule am hinteren Ende. Fast jeder kennt beispielsweise T-Bone-Steak, Ribeye oder das Rumpsteak. Wie wäre es mal mit Tri Tip oder Teres Major? Denn nicht nur aus dem Rücken lassen sich Steaks gewinnen, auch Nacken, Schulter und Hüfte spendieren saftige Stücke.

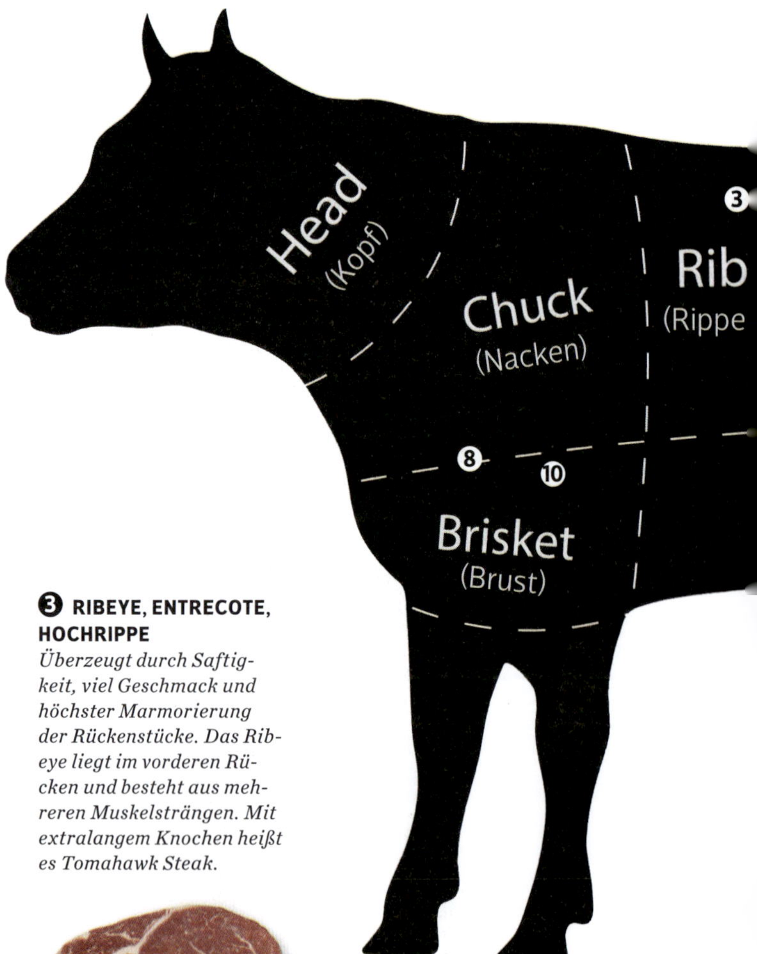

❶ FILET, TENDERLOIN
Das zarteste Fleischstück liegt im hinteren Rückenbereich, der so gut wie nie beansprucht wird. Daher ist das Fleisch besonders feinfaserig und zart.

❷ STRIP LOIN, ROASTBEEF, RUMPSTEAK
Typisch ist der ausgeprägte Fettrand, der zum Braten nicht entfernt werden sollte, um die Saftigkeit zu erhalten. Ebenfalls aus dem hinteren Rückenbereich.

❸ RIBEYE, ENTRECOTE, HOCHRIPPE
Überzeugt durch Saftigkeit, viel Geschmack und höchster Marmorierung der Rückenstücke. Das Ribeye liegt im vorderen Rücken und besteht aus mehreren Muskelsträngen. Mit extralangem Knochen heißt es Tomahawk Steak.

❹ T-BONE
Aus dem hinteren Rücken geschnitten, hat der Steak-Klassiker mit kleinem Filetanteil den typischen T-förmigen Knochen.

❺ PORTERHOUSE
Ebenfalls mit T-Knochen, aber weiter hinten aus dem Rücken geschnitten, hat das Porterhousesteak einen deutlich größeren Filetanteil und reicht für zwei.

❻ SIRLOIN, HÜFTE, TOP BUTT HEART
Die Hüfte ist das an der Wirbelsäule liegende Stück der Rinderkeule. Im vorderen Teil grenzt die Hüfte an das Roastbeef, im unteren an die Kugel und im hinteren an den Tafelspitz. Die portionierten Steaks oder Medaillons sind zart und fein und eignen sich zum Kurzbraten oder Grillen.

❽ FLAT IRON, BBQ STEAK
Als Flat Iron Steak wird ein Top Blade Roast ohne die innen liegende Sehne bezeichnet. Es wird aus dem oberen Teil der Rinderschulter geschnitten. Flat Iron Steaks sind relativ dünn und haben daher nur eine kurze Bratzeit. Dank starker Marmorierung bleibt das Steak aber saftig und geschmacksintensiv.

❿ TERES MAJOR, METZGERSTÜCK, PETITE TENDER
Es handelt sich um einen Muskel aus dem hinteren Teil der Schulter. Dieses langfaserige, schmale Stück, das etwa 300 g wiegt, haben die Metzger früher gerne für sich selbst zur Seite gelegt. Der Cut, der so zart wie Filet, aber mit kräftigerem Geschmack, ist beliebt für die Zubereitung auf dem Grill.

❼ FLANKSTEAK
Das Flanksteak gehört in den USA zu jedem BBQ. Es stammt aus dem Bauchlappen und wird auch Hose (England), Bavette oder Bavette de Flanchet (Frankreich) genannt. Es hat lange Fasern, wenig intramuskuläres Fett, ist aber trotzdem sehr geschmacksintensiv. Richtig zubereitet und aufgeschnitten (gegen die Faser), ist es ein unvergleichlich aromatisches Steak.

❾ HANGING TENDER
Das „hängende Zarte" ist als Onglet sehr bekannt in der französischen Küche und ist eines der wenigen Fleischstücke, die es nur einmal pro Tier gibt. Der „Nierenzapfen" ist aufgrund des intensiven Fleischgeschmacks begehrt und ist zart wie ein Filet.

⓫ TRI TIP, BÜRGERMEISTERSTÜCK
Das Tri Tip ist etwas ganz Besonderes. Der stark marmorierte Cut besteht ausschließlich aus Muskelfleisch. Richtig zubereitet, wird dieses Stück dank des intramuskulären Fetts unglaublich zart.

FOTOS: Otto Gourmet (11), ILLUSTRATION: Shutterstock/grebeshkovmaxim

Die besten Rinderrassen

Nicht nur Aufzucht und Alter, Cuts und Reifung spielen eine Rolle, auch die Rasse. Fleischfarbe, Fettanteil, Textur und Marmorierung beeinflussen das jeweilige Aroma. Hier eine Auswahl im Überblick

DEUTSCHES ANGUS BEEF, 5 WOCHEN DRY-AGED

- *Kräftiger Geschmack mit nussigen Aromen*
- *Klarer Dry-Aging-Geschmack*
- *Kräftige Textur*
- *Zubereitungsempfehlung: rare = sehr zart*

US BEEF, Z. B. VON DER MORGAN RANCH

- *Schöne Rotfärbung*
- *Gleichmäßige Fettverteilung*
- *Kräftiger, leicht süßlicher Fleischgeschmack*
- *Fett hat tollen Schmelz und angenehme Konsistenz*

JAPANISCHES KOBE + OZAKI WAGYU BEEF

- *Extreme Marmorierung*
- *Mild und aromatisch*
- *Schmilzt bei Zimmertemperatur*
- *Hat viel umami, den fünften Geschmack*

BLONDA ESPANOLA, ALTE KUH AUS SPANIEN

- *„Spanischeas Blondvieh" aus Galicien (Nordspanien)*
- *4 bis mehr als 15 Jahre Lebensalter*
- *25–30 Tagen dry-aged*
- *Kerniger Biss mit zartschmelzender, dicker Fettschicht*

URBAN BEEF, DEUTSCHLAND

- *Kreuzung der Schwarz Bunten und der Weiß-blauen Belgier-Rasse aus Friesland*
- *28 Tage Ethic Aged (Verwertung des ganzen Tieres)*
- *Zart, saftig und schön gleichmäßig marmoriert*

IRISH HEREFORD PRIME BEEF

- *Ursprünglicher, intensiver Fleischgeschmack*
- *Würzig, mineralisch durch Grasfütterung*
- *Aromatisches Fett*
- *Satte, rote Farbe*

ARGENTINA BEEF | BLACK ANGUS + HEREFORD

- *12 Monate pro Jahr auf der Weide*
- *Tiefrote Färbung mit feinen Fettäderchen*
- *Reine Grasfütterung*
- *Intensiver, kerniger Geschmack*

CHIANINA BEEF, ITALIEN

- *Größte Rinderrasse der Welt*
- *Dunkelrotes Fleisch*
- *Weißes Fett*
- *Intensiver, saftiger Geschmack mit angenehm festem Biss*

FOTOS: Bord Bia, El Capricho, electriceye/stock.adobe.com (8), Otto Gourmet, Cathrine MacGregor, Dieter Meier, Nur Für Uns, RUHL Studios

PIONIERE FÜR GUTES FLEISCH
Wolfgang Otto vertrauen die Spitzenköche: Otto Gourmet beliefert die Topgastronomie

Reife-Prüfung

Als führender Versender von gutem Fleisch ist Otto Gourmet der Pionier des Dry-Aging in Deutschland

Fleisch kann erst dann mit gutem Gewissen genossen werden, wenn man weiß, wo es herkommt. Das Team von Otto Gourmet in Heinsberg, dem führenden Händler von hochwertigem Fleisch in Deutschland, hat eine Mission: Mit einer gezielten Auswahl von Züchtern und Produkten werden artgerechte Tierhaltung und verantwortungsvolle Nutzung natürlicher Ressourcen wie Schonung des Weidelandes und nachhaltiges Wirtschaften unterstützt. Den Züchtern nimmt Otto Gourmet aus Respekt vor der Natur nur ganze Tiere ab – und hat so auch ungewöhnliche Cuts im Angebot. Lückenlose Transparenz sorgt außerdem dafür, dass die Kunden immer wissen, wo ihr Fleisch herkommt. Das reift bei Otto Gourmet zur Perfektion – die Brüder holten das Reifeverfahren Dry-Aging als Erste nach Deutschland. Das hochwertige Fleisch schätzen nicht mehr nur Sterneköche – fast alle der besten im deutschsprachigen Raum vertrauen den Heinsbergern–, sondern auch immer mehr Privatkunden, die so an erstklassige Fleischqualitäten kommen, wie zum Beispiel original japanisches Kobe-Beef.

Reifemethoden

1 WET-AGING
Das vom Knochen gelöste Fleisch wird 30 Tage nass im luftdichten Vakuum bei 0 Grad gereift. Längere Transportwege werden ebenfalls zur Reifung genutzt. Der Originalgeschmack bleibt erhalten.

2 DRY-AGING
Das Fleisch reift bei 1–3 Grad und 75–85 % Luftfeuchtigkeit für 21–56 Tage am Knochen. 30–50 % Gewichtsverlust, intensiverer Geschmack, zart; die äußere ausgetrocknete Schicht wird entfernt.

3 FLAMED-AGING
Die Rückenstücke werden mit einem Bunsenbrenner angeflämmt und reifen dann 35 Tage bei 1–3 Grad und 75–85 % Luftfeuchtigkeit. Erst danach werden die Steaks portioniert.

4 FETT-AGING
Hüft- oder Filetstücke werden in ausgelassenes Fett vom US-Beef getaucht und reifen in der Fetthülle 10 Tage ohne auszutrocknen. Intensiverer Geschmack.

5 BRANDY-DRY-AGING
Rückenstücke werden in ein mit Brandy getränktes Leinentuch gewickelt und reifen im Dry-Aging-Beutel 15 Tage bei 1–3 Grad und 75–85 % Luftfeuchtigkeit.

FOTOS: Klaus Arras/Gräfe & Unzer Verlag/seasons.agency, Christian Wyrwa/HLKF Europas Beste

SOMMERLICHE GRILLGERICHTE GANZ EINFACH ZUBEREITET
Mit bestem Fleisch von Otto Gourmet, das Teilnehmer auch als Paket für den Livestream-Kochkurs bestellen können (s. l. u.)

Kochen Sie mit dem Star!

Seien Sie dabei, wenn Johann Lafer am 28. Juli in einem Livestream-Kochkurs seine besten Profi-Tricks am Grill verrät

Als Profi kennt Johann Lafer natürlich die besten Tipps am Rost – weil er dazu auch leidenschaftlich gern kreative Gerichte mit dem Grill zubereitet, ist er ein Fundus an guten Ideen. Und Sie können davon profitieren und mit dem Star gemeinsam kochen! Seien Sie dabei, wenn Johann Lafer am 28. Juli 2023 um 18 Uhr in einem Livestream-Kochkurs drei tolle Rezepte am Grill präsentiert: Vorspeise mit Lachs, Hauptgang mit Strip Loin von der Morgan Ranch und ein Dessert – alles ganz einfach zuzubereiten. Der Kurs dauert rund zwei Stunden, und Sie können wahlweise zuschauen oder sogar live mitkochen. Wenn Sie aktiv mitkochen möchten, haben Sie die Möglichkeit das passende Grillpaket bei Otto Gourmet komfortabel nach Hause zu bestellen und benötigen dann nur noch wenige zusätzliche Zutaten sowie natürlich einen Grill (Gas, Holzkohle, Pellets).

Und so sind Sie dabei: Buchen Sie den Kurs zum Preis von 49 € unter diesem Link: **www.lafer-journal.de/grillen.** Sie erhalten dann rechtzeitig vor dem Kurs die vollständige Zutatenliste sowie den Link für den Livestream.

So können Sie mitmachen:

LIVESTREAM-KOCHKURS: für 49 € buchen unter: *www.lafer-journal.de/grillen*

OPTIONALE GRILLPAKETE
Otto Gourmet bietet für die Grillsaison zwei attraktive, von Johann Lafer kuratierte Pakete an, die Sie auch für den Livestream-Grillkurs bestellen können:

PAKET 1: 69 € inkl. Versand
Vorspeise: Lachsfilet by Ora King, 190 g
Hauptgang: Morgan Ranch US Flanksteak, ca. 500 g
Außerdem: Brot von Gaues, 250 g, Kräuterbutter von Butter Boyz, 100 g, Pink Salt, 50 g, Steakpfeffer, 50 g

PAKET 2: 99 € inkl. Versand
Hauptgang alternativ: 2 x 300 g Morgan Ranch US Strip Loin, alles andere identisch

Bestellung über *www.otto-gourmet.de*

FOTOS: Markus Bassler (2), Ulrich Perrey

BORA
Riecht.
Nicht.

GUTER FANG
Eisgekühlt verpackt und auf schnellstem Wege kommt Fisch wie diese Forellen superfrisch ins Haus

Mit der Post auf den Rost

Edles Fleisch aus artgerechter Haltung, Fisch und Meeresfrüchte in fangfrischer Qualität – bei diesen Versendern bleibt kein Grillwunsch unerfüllt

Fisch & Meeresfrüchte

Deutsche See
Riesiges Angebot von der tiefroten Carabinero-Riesengarnele oder Schwertmuscheln über Pulpo-Arme aus Wildfang bis zur Drei-Kilo-Kiste mit Bio-Wolfsbarschen. Es herrscht hohe Transparenz, für jeden Artikel ist die Lieferkette, Herkunft, Haltbarkeit und Lagerung angegeben.
shop.deutschesee.de

FischKaufHaus
Die „Fischerei Müritz-Plau", größter Binnenfischereibetrieb Deutschlands, bedient sich aus mehr als 100 Gewässern der Mecklenburgischen Seenplatte sowie aus der Ostsee. Müritz-Barsch, Zander, Ostseescholle und dorsch sowie Fische aus Aquakultur und aller Welt.
www.fischkaufhaus.de

Frischeparadies
In Stroh- oder Hanf-Isolierverpackung mit Kühlakkus oder tiefgekühlt auf Trockeneis: auf jeden Fall superfrisch sind Thunfischfilet Superior, Glen-Douglas-Lachsfilet aus Schottland oder Calamaretti bei dem Gourmet-Lebesmittehändler.
www.frischeparadies-shop.de

Lachskontor
Petersfisch, Knurrhahn, Steinbutt im Ganzen und Meeresfrüchte wie Fines-de-claires-Austern oder Kammmuscheln und natürlich Lachs bietet der Händler aus Bremen, auch in MSC- und Bio-Qualität.
www.lachskontor.de

Fiedlers Fischmarkt
Ein Extrapaket zum Grillen mit Minioktopus, Garnelen, Doraden, aber auch Wels- und Lachsbratwurst versendet der Bremerhavener Händler, dazu feine Filets von Rotzunge oder Krebsscheren, Hummer und Langusten.
www.fiedlers-fischmarkt.de

Köser Delikatessenversand
Seit 1862 handelt Köser mit Delikatessen ausgewählter Lieferanten. Schockfrosten und schneller Versand garantieren die Frische von Dorade, Seeteufel, Königskrabbe oder Schneekrabbe.
www.koeser.com

Otto Gourmet
Der Fleischexperte aus Heinsberg hat auch ebenso hochwertiges Seafood im Programm: Ora-King-Lachs, das Wagyu der Meere, Loins von Kabeljau, Thunfisch oder Seeteufel, ideal zum Grillen, Wildfanggarnelen, Kaisergranat oder Oktopus.
www.lachskontor.de

Rungis Express
Vor allem das Angebot ganzer Fische wie Makrele, Rouget Barbé, Sardine, Steinbutt, St. Pierre oder Seezunge ist beeindruckend, desgleichen die Auswahl an Austern, Muscheln und Krustentieren.
www.rungisexpress.com

Seifarth
Der Feinkosthändler hat seinen Schwerpunkt bei Räucherlachs und Kaviar, das Fischsortiment (Doraden, Wolfsbarsch, kanadische Sea Scallops) wird in der Regel an Bord schockgefroren und kommt tiefgekühlt beim Kunden an.
www.seifarth.de

Send A Fish
Der Online-Shop des 1959 gegründeten Händlers „Fisch Kalter" bietet tagesfangfrisch rund 20 Süßwasser- und Meerfische von Aal über Schwertfisch bis Zander an, dazu Meeresfrüchte wie Soft Shell Crabs, Königskrabbe oder Flusskrebse. Grillpakete mit ganzen Fische, marinierten Filets und Spießen machen BBQ-Fans Spaß.
www.send-a-fish.de

HEIMISCHER SCHATZ
Wildfleisch lebt artgerecht, ist nachhaltig und schön intensiv

Heimisches Wild

Elbwild
Große Auswahl an Wildfleisch aus dem Naturraum Hamburg/Elbe. Die Tiere leben dort frei in natürlicher Umgebung und werden vorzugsweise vom Hochsitz stressarm geschossen. Auch im Angebot: Rinder und Schafe aus Weidehaltung.
www.elbwild.de

Jagdhaus Rech
Das umfassende Angebot von Jäger Markus Blitzer aus dem Ahrtal ist beeindruckend: Frisches Wildfleisch, aber auch Bolognese, Gulasch, eine Wild-Pizza sowie Grillpakete mit Wildschweinwurst, Pattys, Reh- und Hirschsteaks können bestellt werden.
www.jagdhaus-shop.de

Wildfleisch Online
Neben heimischem Wild hat der Versender auch Wildarten im Angebot, die es bei uns nicht gibt: Elchfleisch aus Lettland, Bisonfleisch aus Kanada und Gamsfleisch aus Österreich. Tolle Grillpakete mit Hirschsteaks, Wildwürsten und -pattys, auch Wildgeflügel.
www.wildfleisch-online-bestellen.de

Waldgourmet
Dienstag und Mittwoch wird zerlegt und verpackt, Donnerstag ist das Fleisch frisch beim Kunden. Im Angebot sind diverse Pakete, auch Grillboxen mit Wildschwein, Reh und Hirsch und Wildbratwürste.
wwww.waldgourmet.de

Steaks & Co

Besserfleisch
Fleisch von Rindern aus Weidehaltung – etwa vom Aubrac-Rind vom Hof Düwinger in einem Naturschutzgebiet bei Bad Oldesloe. Das Rind wird erst geschlachtet, wenn es komplett verkauft wurde. Auch Bresse-Hühner aus Weidehaltung von Odefey & Töchter sowie saisonal Bio-Lamm.
www.besserfleisch.de

Bos Food
BBQ-Fans freuen sich über dry-aged Burger Pattys vom Angus-, Wagyu- oder Red-Heifer-Rind, Ibérico-Rippchen oder sous-vide gegartes Secreto vom Ibèrico-Schwein. Grillsaucen aus dem reichhaltigen Sortiment von Delikatessenhändler Ralf Bos nicht vergessen!
www.bosfood.de

Das gute Fleisch
Markus Bräutigam war Manager in einem Callcenter, heute hält er in Brandenburg Galloway-Rinder ganzjährig auf der Weide, biologisch zertifiziert. Im Onlineshop gibt es verschiedene Pakete, z. B. fürs BBQ mit Steaks, Würsten, Cevapcici und Pattys.
www.das-gute-fleisch.de

Frischeparadies
Hohe Standards müssen Lieferanten des Spezialitätenhändlers erfüllen, um ins Sortiment aufgenommen zu werden. Dafür findet sich Besonderes wie Tiroler Milchkalb oder dry-aged Ochsen-Tomahawk.
www.frischeparadies-shop.de

Meine kleine Farm
Der Journalist Dennis Buchmann hat das Konzept entwickelt: In der Online-Metzgerei bekommt Fleisch ein Gesicht, da auf jeder Packung das Tier abgebildet ist. Große Auswahl an Wurst, Käse und Fleisch.
www.meinekleinefarm.org

Jäger & Sammler
Freiland-Biometzgerei von Florian Stocker und Lars Tinapp. Erstklassige Fleischqualität und spannende Cuts zum Grillen, Braten und Schmoren von Rind, Schwein, Lamm, Huhn und Pute.
www.jägerundsammler.de

Meat Bringer
Rind, Schwein und Wildfleisch aus Brandenburg. Die Schweine werden nur mit Kartoffeln gefüttert. Unser Tipp: das vier Zentimeter starke dry-aged Kotelett. Große Auswahl an Bratwürsten und Pattys.
www.meat-bringer.de

MyCow
Biofleisch von verschiedenen Höfen aus der Region Müritz in Mecklenburg: Charolais- und Angus-Rinder sowie Schweine aus Weidehaltung von der Müritzer Seenlandschaft. Vielseitige Fleischpakete.
www.mycow.de

Seefried – Der Naturmetzger
Der Metzger Martin Seefried arbeitet ausschließlich mit Fleisch von der Erzeugergemeinschaft Schwäbisch Hall. Tolle Spareribs, große Auswahl an Wurstspezialitäten, etwa fränkische oder Entenbratwurst.
www.fleischlust.com

Otto Gourmet
Der Spezialitätenversand der Brüder Otto hat das größte Sortiment an Rassefleisch von Rind, Schwein, Lamm und Geflügel, darunter Raritäten wie Blonda Española, „alte Kuh", oder Grillwürste in allen Varianten aus eigener Manufaktur.
www.otto-gourmet.de

FOTO: Uta Gleiser

Gut abschneiden

Das Wahnsinns-Steak, der superfrische Fisch, knackiges Gemüse – und stumpfe Messer? Das richtige Werkzeug zum Filetieren, Tranchieren oder Portionieren ist unverzichtbar für wahres Grillvergnügen

SCHEIBCHENWEISE SAFTIGE STEAKS
Fleischgabel und Tranchiermesser „Norden" von Fiskars, Edelstahl mit Birkenholzgriff, Gabel 25 cm lang, € 45, www.nordicnest.de, Tranchiermesser 21 cm, € 125, www.skandic.de

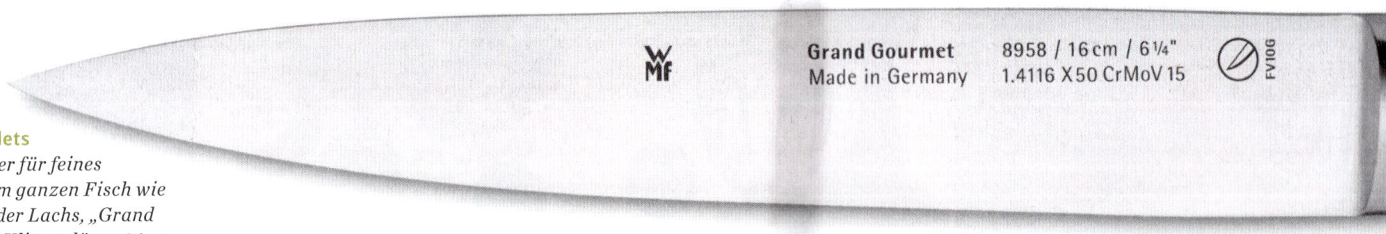

Für Fischfilets
Filiermesser für feines Arbeiten am ganzen Fisch wie Doraden oder Lachs, „Grand Gourmet", Klingenlänge 16 cm, €87,99, www.wmf.com

JAPANISCHE SCHÄRFE
Für Gemüse oder Fisch: Santoku-Damastmesser von Katahiro Zen, € 99, rechts Gemüsemesser von Katahiro Kubota, €79, www.edmahony-knives.com

VIER FÜR ALLE FÄLLE
Brotmesser, 20 cm Wellenschliffklinge, € 120, Kochmesser, 20 cm Kinge, € 120, Santoku, 13 cm Klinge, € 90, Gemüsemesser, 9 cm Klinge, € 80 (von oben), Griffe aus Walnussholz. www.graef.de

KUNTERBUNT
Die „Brettschmiede" fertigt Messergriffe aus alten Skateboards. „Ban-Tai 20", 20 cm Klingenlänge, € 173, www.brett-schmiede.de

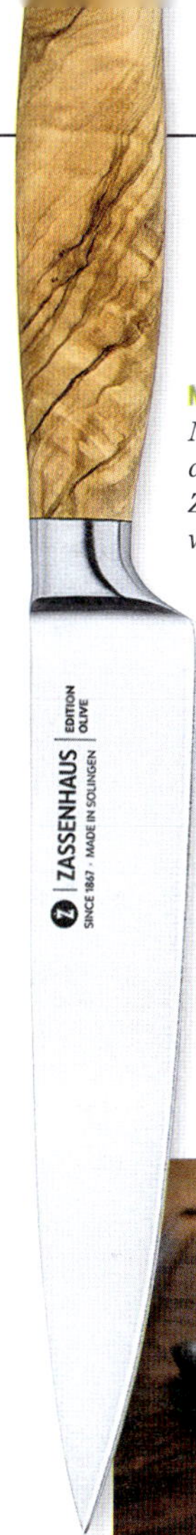

MARKANT
Messer mit Griff aus Olivenholz, Zassenhaus, ab € 80, www.koestner-shop.de

STEAKS MIT STIL
Von Laguiole en Aubrac, Griffe aus Wacholderholz. Set mit je 2 Messern und Gabeln, 23 cm Gesamtlänge, € 347, www.lennertz.de

UNIKATE
Garagenkünstler nennt sich Uwe Heieck, denn dort schmiedet er seine Messer, z. B. diese für Johann Lafer. Jedes wird individuell nach Kundenwunsch gefertigt, Preis auf Anfrage, www.messergarage.de

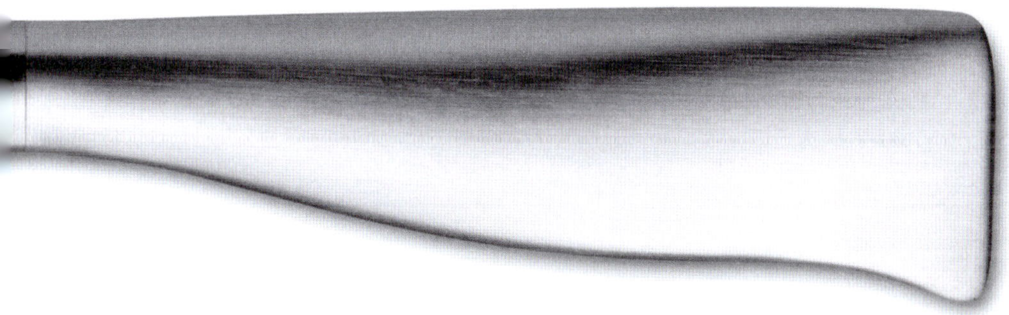

SCHNITTIGES TRIO
Kochmesser, Fleischmesser, Gemüsemesser von Le Creuset mit Olivenholzgriff. Ab €109, www.lecreuset.de

AUFGESPIESST

Beim Grillen möglichst lange Gabeln und Messer verwenden, die vor der Hitze schützen. Fürs Schneiden sollte das Brett eine Saftrille haben. Scharfe Steakmesser erhöhen den Genuss von kurz gebratenen Rinder- und Wildsteaks.

Foto: WMF AG

Kontrolle ist besser

Ob Fleisch, Fisch oder Gemüse den richtigen Gargrad hat, verrät die Temperatur. Fünf Thermometer, die Einsteigern oder Vielgrillern zu perfektem Genuss verhelfen

Klassisch analog

Für Gelegenheitsgriller: Auf der Skala des Einstichthermometers sind die Kerntemperaturen mit Tiersymbolen vorgegeben. Allerdings ist der Messstab recht kurz – es könnte heiß werden. Bei indirektem Grillen muss man zum Kontrollieren den Deckel heben und Wärmeverlust in Kauf nehmen.

TFA DOSTMANN 141027
Edelstahl, zweite Temperaturanzeige für den Garraum. ca. € 10, www.thalia.de

Digital-Thermometer

Für Einsteiger: Eine Sonde steckt im Gargut und misst die Kerntemperatur, das digitale Display, verbunden über ein langes, flexibles Kabel, zeigt sie an und alarmiert, sobald die richtige Gradzahl erreicht ist – so gelingen das dicke Kotelett oder das Flanksteak perfekt.

THERMOPRO TP17
Magnetisch, Signalfunktion, ca. € 25, www.grillgoods.de

Mehrere kabellose Sonden

Johanns Favorit: Spareribs, Entrecote und Tomahawk gleichzeitig kontrollieren? Das leistet ein Digitalthermometer mit mehreren Sonden, vorzugsweise kabellos, dann kann man es auch für den Drehspieß einsetzen.

„MEATER BLOCK“
4 Sonden, App mit 50 m Reichweite und genauen Anleitungen fürs Grillen, € 349, store-de.meater.com

Berührungslos mit Infrarot

Für Pragmatiker: Kontaktlos misst dieses Thermometer via Laserpointer die Oberflächentemperatur, man kann auf einfache Weise alles auf dem Grill, auch die Glut prüfen – gut bei Steaks, die bei hohen Graden angebraten werden, dann bei niedrigeren zu Ende garen.

„TESTO 830-T1“
Auflösung von 0,1 °C, € 72, www.testo.com

Mit Fernsteuerung

Für entspanntes Grillen: Mit einer Kontrolle des Digitalthermometers via Smartphone kann man sich vom Grill entfernen, ideal für große Stücke oder beim Smoken mit langen Garzeiten. Je nach Gerät schwanken allerdings Reichweiten und Verbindungsstabilität.

„IGRILL 2“
Digitalthermometer mit App, Fühler für Gargut und Garraum, ca. € 150, www.weber.com

FOTO: Mike Lang

LE CREUSET®
WIR STELLEN VOR
AZURE
UNSER NEUES
KRAFTVOLLES BLAU
LE CREUSET
www.lecreuset.com

Spießgesellen

Saté-Spieße sind perfekt für den Grill und können mit Schwein, Rind, Garnelen oder wie hier mit Hühnchen bestückt werden. Ein Muss dazu: cremige Erdnuss-Sauce

Saté-Spieße mit Erdnuss-Sauce

FÜR 4 PORTIONEN

Marinade

75 ml Kokosmilch (Dose)
2 EL Sojasauce
2 EL Honig
½ EL rote Currypaste
500 g Hähnchenbrustfilet (ohne Haut und Knochen)
nach Belieben Limettenspalten

Erdnusssauce

1 kleine rote Chilischote
75 g Erdnüsse
75 ml Kokosmilch (Dose)
100 g Erdnussbutter
2 EL Sojasauce
½ EL rote Currypaste
½ Limette
ca. 1 EL brauner Zucker
2–3 Korianderstängel

Außerdem

16 lange Holzspieße

ZUBEREITUNGSZEIT

ca. 30 Min. + 2–4 Std. marinieren

SCHWIERIGKEIT

●○○

1 Für die Marinade die Hälfte der Kokosmilch in eine Schüssel geben. 2 EL Sojasauce und Honig dazugeben.

2 Die Currypaste zur Kokosmilch geben. Alles mit einem Schneebesen glatt verrühren.

3 Die Hähnchenbrustfilets kalt abbrausen, mit Küchenpapier trocken tupfen und längs in dünne Streifen schneiden.

4 Die Fleischstreifen in eine flache Form geben. Die Marinade darübergießen. Die Fleischstreifen mit Frischhaltefolie abdecken und 2–4 Stunden marinieren lassen.

5 Die Holzspieße in einer flachen Schale mit Wasser einweichen.

6 Für die Sauce die Chilischote längs halbieren, entkernen, abspülen und klein würfeln.

7 Die Erdnüsse in einer Pfanne ohne Fett rösten und abkühlen lassen, dann fein hacken.

8 Erdnüsse, Chiliwürfel und Kokosmilch in eine Schüssel geben.

9 Erdnussbutter, Sojasauce und Currypaste dazugeben und alles verrühren.

10 Den Saft der Limettenhälfte auspressen. Die Erdnuss-Sauce mit Limettensaft und braunem Zucker abschmecken.

11 Koriander waschen, trocken schütteln, Blätter abzupfen und fein hacken.

12 Das Koriandergrün unter die Erdnuss-Sauce rühren.

13 Die Hähnchenstreifen aus der Marinade nehmen, abtropfen lassen und wellenartig auf die eingeweichten Holzspieße stecken.

14 Die Spieße auf dem Grill oder auch in einer Grillpfanne auf jeder Seite 2–3 Min. grillen oder braten. Dabei die Spieße mehrmals mit der Marinade bestreichen. Dann mit der Erdnusssauce und nach Belieben mit Limettenspalten servieren.

3

8

13

14

MEIN RAT:

„Diese saftigen Spieße mit Erdnuss-Dip machen süchtig – es lohnt sich, gleich mehr Sauce auf Vorrat zu kochen. Anschließend in Schraubgläser füllen und gut verschlossen kühl und dunkel aufbewahren. Der nächste Grillabend kommt bestimmt.“

Der Klecks

Am Ende entscheiden sie, wie oft die Gäste „Wow!“ sagen: die Dips. Unsere internationalen Klassiker passen zu Fisch, Fleisch, Gemüse, Brot – und sind ziemlich schnell zubereitet

Genueser Pesto

FÜR CA. 300 ML

80 g Pinienkerne
100 g Basilikumblätter
50 g Petersilienblätter
80 g Pecorino
125 ml feines Olivenöl
1 Knoblauchzehe
Salz
schwarzer Pfeffer aus der Mühle
Olivenöl zum Bedecken

1 Pinienkerne in einer Pfanne bei niedriger Temperatur ohne Fett goldbraun rösten. Kräuter waschen und trocken tupfen. Blätter von den Stängeln zupfen, grob hacken. Pecorino in Würfel schneiden. Alle Zutaten im Blender oder mit dem Stabmixer zu einer feinen Paste pürieren. Mit Salz und Pfeffer würzen. Pesto in ein Schraubglas füllen, Oberfläche glatt streichen, mit Olivenöl abdecken.

Tipp: Den Glasrand stets sorgfältig mit einem sauberen Tuch abwischen, so hält sich das Pesto mehrere Wochen im Kühlschrank.

ZUBEREITUNGSZEIT
20 Min.

SCHWIERIGKEIT
●○○

Oliven-Tapenade

FÜR CA. 300 ML:

150 g entsteinte schwarze Oliven
50 g entsteinte grüne Oliven
15 g Kapern
10 g Sardellenfilets
2 EL fein gehackte frische Kräuter (z. B. Thymian, Rosmarin oder Petersilie)
geriebene Schale von 1 Biozitrone
100 ml Olivenöl

1 Alle festen Zutaten am besten mit einem Wiegemesser hacken, je feiner desto besser. Die gehackten Zutaten in eine Schüssel geben und das Olivenöl unterrühren. Hält sich im Kühlschrank mehrere Tage.

Tipp: Würzzutaten, die gut mit Oliven harmonieren – etwa Sardellen, mediterrane Kräuter, Chilischoten und Kapern –, können nach Belieben hinzugefügt werden. Schmeckt als Dip oder Brotaufstrich.

ZUBEREITUNGSZEIT
15 Min.

SCHWIERIGKEIT
●○○

Zaziki

FÜR CA. 300 ML

300 g Bio-Salatgurke
1 gepresste Knoblauchzehe
jeweils 1 Bund Minze und Dill
300 g griechischer Schafsjoghurt
schwarzer Pfeffer aus der Mühle
1 Prise Zucker
4 EL feines Olivenöl

1 Gurke waschen, mit der Schale grob raspeln. In eine Schüssel geben, salzen und ca. 20 Min. ziehen lassen. Kräuter waschen, trocken schleudern, Blätter abzupfen. Gurkenraspel gut ausdrücken und mit Joghurt und Knoblauch verrühren. Kräuter fein hacken

ZUBEREITUNGSZEIT
30 Min.

SCHWIERIGKEIT
●○○

Tomatenpesto

FÜR CA. 400 ML:
150 g getrocknete Tomaten (nicht in Öl)
50 g Pinienkerne
75 g Parmesan
2 Knoblauchzehen
200 ml sehr gutes Olivenöl
schwarzer Pfeffer aus der Mühle
Olivenöl zum Bedecken

ZUBEREITUNGSZEIT
15 Min.

SCHWIERIGKEIT
● ○ ○

1 Tomaten in einem Topf mit sprudelnd kochendem Wasser etwa 30 Sekunden blanchieren, abgießen, abtropfen lassen und zwischen Küchenpapier trocken tupfen, abkühlen lassen. Pinienkerne in einer Pfanne bei niedriger Temperatur ohne Fett goldbraun rösten. Parmesan in Würfel schneiden, Knoblauch schälen. Alle Zutaten im Blender oder mit dem Stabmixer zu einer cremigen Paste verarbeiten. Das Pesto mit Pfeffer abschmecken und so in saubere Gläser füllen, dass sich möglichst keine Hohlräume bilden. Die Oberfläche des Pestos glatt streichen und mit etwas Olivenöl bedecken.

Tipp: Den Glasrand stets sorgfältig mit einem sauberen Tuch abwischen, so hält sich das Pesto mehrere Wochen im Kühlschrank. Es schmeckt als Brotaufstrich, zu Fleisch oder Fisch.

Mojo verde (grüne Sauce)

FÜR CA. 200 ML
2 Bund frischer Koriander (200 g)
2 junge Knoblauchzehen
1 TL Limettensaft
100 ml Olivenöl
nach Belieben Chilischote
Salz
schwarzer Pfeffer aus der Mühle
Zucker

ZUBEREITUNGSZEIT
15 Min.

SCHWIERIGKEIT
● ○ ○

1 Koriander waschen und trocken schleudern. Koriander mit den Stielen und dem geschälten Knoblauch sehr fein hacken. Limettensaft und Olivenöl unterrühren, nach Belieben mit fein geschnittener Chilischote würzen und mit Salz, Pfeffer und 1 Prise Zucker abschmecken.

Mojo rojo (rote Sauce)

FÜR CA. 200 ML
2 rote Paprika
1 junge Knoblauchzehe,
½ Chilischote
100 ml Olivenöl
½ TL gemahlener Kreuzkümmel
½ TL Weißweinessig
Salz
Zucker

ZUBEREITUNGSZEIT
40 Min.

SCHWIERIGKEIT
● ○ ○

1 Paprika längs vierteln, weiße Innenhäute und Kerne entfernen. Auf ein Blech legen und so lange im vorgeheizten Ofen grillen, bis die Haut schwarz ist. Zum Abkühlen mit einem feuchten Tuch abdecken, dann die Haut abziehen. Paprika in Stücke schneiden, Knoblauchzehe und Chilischote in feine Ringe schneiden. Alles mit im Blender oder mit dem Stabmixer pürieren. Langsam das Olivenöl angießen, dann Kreuzkümmel und Essig unterrühren. Mit Salz und ggf. 1 Prise Zucker abschmecken.

Eine große Nummer

Ausgezählt: Das Bußgeld für unerlaubtes Grillen ist in Frankfurt am höchsten und Gemüse auf dem Rost in der Minderheit – hätten Sie's gewusst?

Text:
GABRIELE THAL

78 % DER MÄNNER BEVORZUGEN STEAKS AUF DEM GRILL. UND AUCH 64 % DER FRAUEN.
Quelle: YouGov 2022

1526

taucht das erste Mal das Wort „barbacoa" auf. Gonzalo Fernández de Oviedo y Valdés, Chronist und Entdecker, beschreibt damit die Gar- und Räuchertechnik karibischer Ureinwohner.

Bis zu **800 °C** heiß können die Flammen eines Holzfeuers sein.

49 %

DER DEUTSCHEN GRILLEN LIEBER ÜBER KOHLE, DAVON 80 % WEGEN DES RAUCHAROMAS. Quelle: YouGov 2022

BEREITS VOR 1,5 MILLIONEN JAHREN haben Vorfahren des Menschen Fleisch und Feuer kombiniert, wie Zeugnisse im südlichen Afrika beweisen.
Quelle: www.nature.com

29 000 JAHRE
alt ist die älteste bekannte BBQ-Grube, in der wohl Mammut gegart wurden.
Quelle: Wissenschaft-aktuell.de

6,14
Meter breit, 4,66 Meter hoch und 2,43 Meter tief war der bislang größte Grill. Er kam am 20. Juni 2004 im Zuge einer TV-Show („Discovery Channel's BIG!") in Santa Clarita zum Eisatz. Auf ihm wurden ein ganzes Schwein, ein über drei Meter langer Hotdog und vier Truthähne gegrillt.
Quelle: www.guinnessworldrecords.com

95 %
der CO_2 -Bilanz eines BBQs verursacht nicht das Grillgerät, sondern das Grillgut, vor allem Fleisch aus nicht nachhaltiger Wirtschaft.
Quelle: Studie des TÜV-Rheinland 2022

2184
Menschen haben im Februar 2023 im mexikanischen Hermosillo gemeinsam gegrillt – Weltrekord. Die Hauptstadt des Bundesstaats Sonora ist berühmt für Carne Asada, Steak vom Rost.

ZU 90 % ENTFACHEN WIR DEUTSCHE IM GARTEN DEN GRILL. Quelle: Statista 2023

IN DER GRILLSAISON AB APRIL GREIFEN RUND 40 PROZENT DER DEUTSCHEN ALLE ZWEI WOCHEN ZUM ROST.
Quelle: Statista 2023

120€
Bußgeld zahlen Wildgriller in Frankfurt am Main, in Bremen, Leipzig und Münster kommt man mit 5 Euro davon – wenn man erwischt wird.
Quelle: Bußgeldkatalog 2023

FOTO: Joshua Resnick/stock.adobe.com

WEISS, WIE ES GEHT
Seit 1990 sind Silvia Lafer-Buchholz und Johann Lafer ein Paar. Die Hotelkauffrau war 12 Jahre im internationalen Vorstand von Relais & Châteaux und führte mit ihrem Mann bis 2018 die Stromburg mit dem Sternerestaurant „Val D'Or"

„Der Gast ist der Star"

Der gedeckte Tisch ist keine Bühne für Selbstdarsteller, findet Silvia Lafer. Er soll herzlich willkommen heißen – und nicht einschüchtern

Der gedeckte Tisch steht für mich im Mittelpunkt des Gastgebens. Denn er ist das Erste, was die Gäste sehen – noch vor dem Menü. Er soll vor allem zum Ausdruck bringen, wie sehr man sich auf die Freunde, die Familie freut – und nicht beweisen, wie viel teures Geschirr man besitzt! Liebevoll, nicht protzig, ist das Stichwort. Denn es geht dabei nicht um den Gastgeber – sondern um den Gast. Das richtige Maß und die passenden Materialien zum Anlass zu finden, ist die Herausforderung. Meine Geheimwaffen sind Blumen und Kerzenlicht. Selbst wenn man kaum Zeit hat, machen sie einen Tisch im Nu einladend.

Der gedeckte Tisch ist also keine Bühne für Selbstdarsteller – aber durchaus eine Leinwand. Denn so, mit dem Blick auf die ganze Fläche, quasi aus der Vogelperspektive, entwerfe ich die Tischdeko. Ein ganz effektives Stilmittel, den Tisch als Ganzes, wie mit einem Pinselschwung zu gestalten, ist eine Blumengirlande oder ein Blütenvasenreigen mittig über die ganze Tischlänge. Dazu noch locker platzierte kleine Vasen und Blumenarrangements – bloß nicht zu streng und symmetrisch. Es muss wirken, als habe der liebe Gott alles vom Himmel fallen lassen.

Gerade ist ja Minimalismus Trend in den Restaurants, blanke Holztische, keine Deko, nur die Konzentration auf den Teller. Aber ich glaube, da wird gehörig die Vorfreude unterschätzt. Man genießt doch mit allen Sinnen! Und Vorfreude hat ja auch der Gastgeber, wenn er den Tisch schmückt, manchmal ist man ja sogar nervös, ob alles klappt. Lassen Sie Ihre Gäste das ruhig spüren, das macht gar nichts. Umso wohler fühlen sie sich.

Damit ich nicht zu sehr in Stress am Tag der Einladung gerate, decke ich den Tisch übrigens zuerst, für ein Gartenfest gleich morgens, findet die Einladung drinnen statt, sogar am Abend davor. Ich stelle alles Geschirr schon in der Küche bereit, denn ich decke in der Regel nur für die Vorspeise und den Hauptgang ein, damit es nicht zu voll wird. Und ich verrate Ihnen einen Trick: Gläser poliere ich über Wasserdampf, so werden sie ruckzuck blitzblank. Ein weiterer Trick: Wenn ein Malheur passiert, etwa ein Glas Rotwein umkippt, kann man meist nicht die Tischdecke wechseln. Aber damit niemand auf den „Schandfleck" starren muss, verdecke ich ihn einfach mit einer Serviette in der Farbe des Tischtuchs. Der Gast ist eben der Star, ihm möchte ich das unvergessliche Erlebnis bereiten.

FOTO: Markus Bassler, ILLUSTRATION: Karin Kellner

Willkommen

Sommerliche Deko-Ideen für den Garten: Silvia Lafer ist Styling-Expertin und zeigt hier zwei Varianten, wie der Tisch ganz einfach zur romantischen Tafel wird

Produktion: SYLVIA LAFER

Fotos: MARKUS BASSLER

Herrlich, wenn wir die besonderen Gelegenheiten unter freiem Himmel feiern können! Wenn der Anlass ein festliches Ambiente verlangt, stylt Silvia Lafer die Tafel gern romantisch elegant, aber nicht überladen: „Die Kunst ist es, sich auf wenige, gedeckte Farben zu konzentrieren und einen gewissen Fluss zu erzeugen." Weiße Tischwäsche und goldene Elemente setzen den feierlichen Ton, fröhliches Gelb und sattes Grün holen sommerliche Frische auf den Tisch. Eine Girlande aus duftendem Rosmarin, weißen Hortensien, gelben Rosen und Schleierkraut zieht sich über die Länge des Tisches und hält ihn so zusammen. Südlich-sommerlich wirken auch die Zitronen und Limetten, die in Fülle wunderbar dekorativ wirken. „Wichtig ist Kerzenlicht, am besten in schützenden Windlichtern, das schafft einfach die schönste Stimmung."

BLATT-ANWEISER
Ein Serviettenring hält das kleine Sträußchen zusammen. Statt Tischkarte ist ein schönes Blatt mit feinem Goldstift beschriftet (Serviettenring mit Zitrone: H&M Home, Teller: KPM, Leinenservietten: Leitner, goldenes Besteck: WMF)

EFFEKTVOLL
Mit wenigen Mitteln festliche Atmosphäre schaffen: Die goldene Etagere zieren einfach nur Zitrusfrüchte, deren frisches Gelb und Grün herrlich sommerlich wirkt (ähnl. Etagere: H&M Home)

Weiß und Gold sorgen für Festlichkeit, Zitronengelb für Sommerfrische

STIMMUNGSVOLL
Kerzenlicht ist unerlässlich, findet Silvia Lafer. Ein Windlicht bietet Schutz und eine Bühne für die Deko aus Schleierkraut, Zitrone und Limette (Windlicht: Villeroy & Boch, Weingläser: Riedel, Karaffe: Zwiesel)

DETAILREICH
Ein paar Blüten in einer Bowle mit Goldrand, die als Vase zweckentfremdet wurde – es sind die kleinen, liebevollen Details, die so einladend wirken (Wassergläser: Zwiesel)

BLÜTENFEST
Ruhige Basis für den bunten Gartenflor in der Tischmitte ist mattes Taupe. Zwei Gardinenschals, ein blickdichter und ein transparenter, ersetzen die Tischdecke (Gardinenschal z. B. H&M Home, farbige Vasen z. B. Depot)

Blumen zaubern im Handumdrehen einen einladenden Tisch

BLÜTENREIGEN
Ob einmal quer durchs Gartenbeet oder den Blumenladen: Blüten und Gräser in bunten Vasen sind unkomplizierte, fröhliche Deko. Tipp: Jeder Gast bekommt am Ende eine geschenkt (Windlichter, Vasen z. B. H&M Home, Depot)

TON IN TON
Kleiner Trick, große Wirkung: Eine Serviette zur Ziehharmonika falten, mit einem Serviettenring bündeln und auffächern (Serviette: Blomus, Serviettenring aus Leder: H&M Home)

Diese Tischeko erzeugt sommerlich-heitere Landhausatmosphäre, ist aber nicht aufwendig. Sie lebt vor allem von den vielen unterschiedlichen Blüten und Gräsern, die in bunten Vasen die Tischmitte bevölkern. Und natürlich sind die hohen Windlichter ein absoluter Hingucker. Silvias Tipp: „Wählen Sie welche mit schlanken Stielen, damit sie nicht den Blick auf den Gegenübersitzenden behindern." Die Tischdecke sollte möglichst einen neutralen Naturton haben, aber auch ein blanker Holztisch passt ganz prima zu dem Landlook. Das ist lässig und charmant.

HOCH HINAUS
Windlicht zuerst mit Wasser, dann z. B. mit Blattgrün und Schleierkraut füllen und dorthinein die Blütenstiele stecken, etwa dicke Hortensienbälle, Phlox und zarte Wickenranken (Windlichter: XXXLutz)

BLITZ-DEKO
Ein paar Hortensien im Topf, dicht an dicht auf einem Stuhl arrangiert – so einfach inszeniert man eine Gartenecke (ähnl. Gartenstuhl: Bauhaus)

Liebevolle Deko macht die Einladung unvergesslich

PRODUKTIONSASSISTENZ: Sabine Feichtner

Beste Begleiter zum BBQ

Die Röst- und Raucharomen von Grillgut mögen herzhafte Weine mit Frucht, feiner Säure und Struktur. Tipp: Weiße sehr kalt servieren, und auch die Roten dürfen gerne aus der Kühlung kommen

Text: DIETER BRAATZ *Foto:* MICHAEL BERNHARDI

2022 „Cape Fern", Chenin Blanc Single Vineyard, Wellington

TRUTER FAMILY WINES/ SÜDAFRIKA

Vom Weinberg Cape Fern ernten Celeste und Hugo Truter ihren Wein aus 100 % Chenin. Er begeistert mit klarer Frucht, Aromen von Grapefruit, Ananas und Limette und ist am Gaumen mit feiner Säure und Mineralik ausgestattet. Er macht er zu gegrilltem Thunfisch, aber auch zu Maishuhn sowie zu Gemüse (jungen Karotten und Zucchini vom Grill eine gute Figur.
€ 11,50 über www.rindchen.de

2018 „Caliza", Tinto, Dominio de Valdepusa DO

MARQUÉS DE GRIÑÓN FAMILY ESTATES/ CASTILLA LA MANCHA

Für den „Caliza" wurden von Rebflächen in La Mancha Graciano (32 %), Petit Verdot (31 %) und Syrah (37 %) gelesen und als Jungwein zwölf Monate in französischen Barriques gereift. Er hat ein intensiv fruchtiges Aroma von schwarzen und roten Früchten und vereint am Gaumen mineralische und Röstnoten mit passender Säure und Tanninen. Mit viel Körper und Struktur ideal zu Wildschwein und Lamm.
€ 15,50 über www.weinfass-wabnitz.de

2020 Côtes du Rhône AOC Réserve

FAMILIE J. M. CAZES/ CÔTES DU RHÔNE

Für diese Réserve hat Jean Michel Cazes sein ganzes Know-how eingesetzt, um einen reichen, kraftvollen Wein zu keltern. Die Cuvée aus Grenache und weiteren Sorten reift sechs Monate in Holzfässern (20 %) und Betonbottichen (80 %). In der Nase Cassis, Himbeere und Gewürze, auf der Zunge strukturierte Tannine, Frucht und Saft. Ideal zu Lamm-Cevapcici, Salsiccia und deutscher Bratwurst.
€ 12,95 über www.ludwig-von-kapff.de

2021 Vernaccia di San Gimignano DOCG

LA LASTRA/TOSKANA

In ihrem jungen Familienbetrieb produzieren Renato Spanu und Nadia Betti diesen jungen Weißwein aus 98 % Vernaccia, dazu Trebbiano Toscano und Malvasia Bianca. In der Nase Akazienblüte, Anis und Birne, im Geschmack gefallen Würze, feine Mineralität und zarte Zitrusnoten. Die Cremigkeit und die gut eingebundene Säure empfehlen den Wein zu Meeresfrüchten vom Grill, gegrilltem Pecorino mit Honig und auch solo als Aperitif.
€ 12,60 über www.garibaldi.de

2022 Emilio Rosé trocken

WEINGUT EMIL BAUER/PFALZ

Als Hommage an ihren Großvater „Emilio", wie das Pfälzer Original von allen genannt wurde, haben die Brüder Martin und Alexander Bauer ihren Rosé getauft. Der zart lachsrosafarbene Wein begeistert in der Nase mit frisch-fruchtigen Aromen, geschmacklich mit fein-würzigen und mineralischen Noten, die ihm Eleganz und einen langen Abgang verleihen. Zu diesem vielschichtigen Rosé passen gegrillte Stielkoteletts vom Schwein, Hühnerkeule mit Gemüse oder auf der Haut gegarter Lachs.
€ 14,95 über info@emilio-rose.de, Tel. 063 41/617 54

2021 Wiener Gemischter Satz DAC

MAYER AM PFARRPLATZ/WIEN

Der Wiener Gemischte Satz – „komponiert" aus Grünem Veltliner, Riesling, Rotgipfler und Zierfandler und gemeinsam gepflanzt, gelesen und vergoren – ist im Weingut Mayer am Pfarrplatz ein Klassiker seit Generationen. Wir freuen uns an der erfrischenden Stilistik mit Aromen von Birne, Zitrus und grünem Apfel, im Geschmack saftige, mineralische Säure. Passt zu sanft gegrilltem Kabeljau oder Hühnerbrust mit Gemüse.
€ 10,50 über www.ludwig-von-kapff.de

Oscarreife Nebenrollen

Sie stehlen den Hauptdarstellern vom Grill fast die Show: Diese acht Sommersalate überraschen mit tollen Zutaten, fantasievollen Dressings und spannenden Toppings

Fotos: MATHIAS NEUBAUER
Foodstyling: ANDREAS NEUBAUER
Illustrationen: KARIN KELLNER

FÜR 4 PORTIONEN

6 kleine Artischocken
4–5 kleine rote Zwiebeln
8 EL Olivenöl
3 EL Balsamico bianco
8–12 rote und gelbe Kirschtomaten
150 g breite Bohnen
100 g Buschbohnen
150 g Chorizo
1–2 EL Honig
1 Msp. Paprikapulver
Saft von 1 Zitrone
150 g weiße Riesenbohnen (gegart oder Konserve)
150 g schwarze Oliven
Salz, Pfeffer
Bohnenkraut und Basilikum als Garnitur

ZUBEREITUNGSZEIT

ca. 45 Min.

SCHWIERIGKEIT

●●○

Bunter Salat von Bohnen und Artischocken mit Oliven, Kirschtomaten und Chorizo-Vinaigrette

1 Artischocken putzen: äußere harte Blätter entfernen, oberes Drittel abschneiden, holziges Ende vom Stiel kappen, Stiel schälen. Artischocken halbieren oder vierteln. Zwiebeln schälen, je nach Größe halbieren oder vierteln.
2 Artischocken in einer heißer Pfanne in 2 EL Olivenöl bei mittlerer Hitze ca. 6 Min. braten. Die Zwiebeln hinzufügen, 2–3 Min. mitbraten. Alles mit Essig ablöschen und in eine große Schüssel füllen.
3 Tomaten waschen, halbieren. Breite und Buschbohnen putzen, in Stücke schneiden und in kochendem Salzwasser in ca. 4–5 Min. bissfest blanchieren. In Eiswasser abschrecken, gut abtropfen lassen.
4 Chorizo pellen, würfeln und im restlichen Olivenöl in einer Pfanne anbraten. Pfanne vom Herd nehmen, Honig, Paprikapulver und Zitronensaft untermischen.
5 Alle Bohnen, Tomaten und Oliven zu den Artischocken geben, Dressing hinzufügen und alles locker miteinander mischen. Salat abschmecken und mit frisch gezupftem Bohnenkraut oder Basilikum bestreut servieren.

Kartoffel-Spargel-Salat mit Radieschen und Ei auf würziger Brunnenkresse-Creme

FÜR 4 PORTIONEN

Für den Salat:

500 g Salatkartoffeln
500 g weißer Spargel
6–8 Radieschen
1 Zwiebel
4–5 EL Sonnenblumenöl
50 ml Weißweinessig
125 ml Geflügelbrühe
1 TL Senf
Salz, Pfeffer
4 hart gekochte Eier
nach Belieben Brunnenkresse als Garnitur

Für die Creme:

1 Bund Brunnenkresse
125 ml mildes Olivenöl
2 frische Eigelbe
2 EL Weißweinessig
1–2 TL Senf
Salz, Cayennepfeffer

ZUBEREITUNGSZEIT
ca. 45 Min.

SCHWIERIGKEIT
●○○

1 Kartoffeln in reichlich Salzwasser weich kochen. Abkühlen lassen, schälen und in Scheiben schneiden. Spargel schälen, holzige Enden abschneiden. Stangen in kochendem Salzwasser ca. 8 Min. garen, dann schräg in Scheiben schneiden und zu den Kartoffeln geben. Radieschen waschen, putzen und in dünne Scheiben hobeln oder schneiden.

2 Zwiebel schälen, fein würfeln und in 2 EL heißem Öl anbraten. Mit Essig ablöschen, Brühe aufgießen und etwas einkochen lassen. Die heiße Marinade mit Senf und restlichem Öl zu den Kartoffel- und Spargelscheiben geben, gut durchmischen, dann die Radieschen untermischen. Salat $^{1}/_{2}$ Std. ziehen lassen.

3 Inzwischen Brunnenkresse waschen, trocken schleudern, Blätter von den Stielen zupfen. Mit Olivenöl, Eigelben, Senf und Essig in einem hohen Becher mit dem Stabmixer zu einer feinen Creme pürieren. Mit Salz und Cayennepfeffer würzig abschmecken.

4 Kressecreme auf Teller verteilen. Eier pellen und in Spalten schneiden. Salat und Eier auf der Kressecreme anrichten und nach Belieben mit etwas frischer Brunnenkresse garniert servieren.

Kopfsalatherzen mit knusprigen Pesto-Croûtons auf erfrischendem Gazpacho-Dressing

FÜR 4 PORTIONEN

je 1 rote und gelbe Paprikaschote
1 kleine rote Zwiebel
1 Salatgurke
2 Knoblauchzehen
150 ml Tomatensaft
125 ml Gemüsebrühe
3–4 EL Rotweinessig
1 TL Tomatenmark
150 ml Olivenöl
Salz, Cayennepfeffer
Zucker
je 3 Stängel Basilikum und glatte Petersilie
1 EL frisch geriebener Parmesan
150 g altbackenes Chiabatta
Herzen von 2–3 Kopfsalaten
1–2 EL Balsamico bianco

ZUBEREITUNGSZEIT
ca. 35 Min.

SCHWIERIGKEIT
L ○ ○

1 Paprikaschoten, Zwiebel und Gurke schälen. Paprika und Gurke halbieren. Gurkenhälfte längs vierteln, entkernen. Gurkenviertel, je 1 rote und gelbe Paprikahälfte und die Zwiebel klein würfeln.

2 Knoblauch schälen, 1 Zehe fein reiben und mit restlicher Paprika, Gurke und Tomatensaft in einem hohen Becher mit dem Stabmixer fein pürieren. Brühe, Essig, Tomatenmark und 50 ml Olivenöl unterquirlen. Dressing mit Salz, Cayennepfeffer und etwas Zucker würzig abschmecken und kalt stellen.

3 Restlichen Knoblauch hacken. Basilikum waschen, trocken schütteln, Blätter abzupfen und mit restlichem Olivenöl, Salz, Knoblauch und Parmesan in einem hohen Becher mit dem Stabmixer fein pürieren.

4 Backofengrill vorheizen. Brot in ca. 1,5–2 cm große Würfel schneiden und auf einem Blech im Ofen in ca. 5 Min. zu Croûtons rösten, gelegentlich wenden.

5 Kopfsalat putzen, waschen und trocken schleudern. Gazpacho-Dressing auf eine Platte oder mehrere tiefe Teller geben. Paprika-, Gurken- und Zwiebelwürfelchen daraufstreuen. Kopfsalatherzen jeweils in die Mitte setzen. Croûtons kurz vorm Servieren mit ca. $^2/_3$ vom Pesto vermischen und auf den Salat streuen. Restliches Pesto mit etwas Essig verdünnen und über den Salat träufeln.

Erbsen-Papaya-Salat mit Seeteufel-Ceviche in Limetten-Ingwer-Vinaigrette

1 Die Schale von 1 Limette abreiben. Alle Limetten halbieren, Saft auspressen. Seeteufelfilet abbrausen, trocken tupfen. In ca. 5 mm dicke Scheiben schneiden und in eine flache Schale geben. Limonenschale und -saft darauf verteilen und im Kühlschrank 1 Std. marinieren.
2 Inzwischen Papaya schälen und halbieren. Kerne mit einem Löffel herauskratzen, Papayahälften würfeln. Erbsen aus den Schoten palen, Zuckerschoten diagonal halbieren. Beides in kochendem Salzwasser ca. 1 Minute blanchieren, anschließend kalt abschrecken.
3 Für die Vinaigrette Ingwer und Knoblauch schälen, Chilischote längs halbieren und entkernen. Alles möglichst fein würfeln. Die beiden Ölsorten mit 3 EL Limettenmarinade und Agavendicksaft verquirlen. Ingwer, Knoblauch und Chili hinzufügen, mit Sojasauce abschmecken.
4 Koriander- und Minze- bzw. Thai-Basilikum waschen, trocken schütteln, Blätter abzupfen. Mit etwa der Hälfte der Vinaigrette zum Papaya-Erbsen-Mix geben und alles locker miteinander mischen. Salat abschließend mit Salz und Pfeffer nochmals abschmecken.
5 Seeteufel-Ceviche etwas trocken tupfen und auf eine große Platte oder mehrere Teller verteilen. Salat daraufgeben, restliche Vinaigrette auf den Fisch träufeln. Nach Belieben mit etwas frischer Minze oder Thai-Basilikum garnieren.

FÜR 4 PORTIONEN

3 Bio-Limetten
500 g Seeteufelfilet, küchenfertig
1 Papaya
300 g Erbsenschoten
200 g Zuckerschoten
25 g Ingwer
2 Knoblauchzehen
1 rote Chilischote
2–3 EL Sesamöl
4–6 EL Olivenöl
2 EL Agavendicksaft
2 EL Sojasauce
2–3 Minzezweige oder Thai-Basilikumstängel
2 Korianderstängel
Salz, Pfeffer

ZUBEREITUNGSZEIT

ca. 45 Min. + ca. 1 Std. marinieren

SCHWIERIGKEIT

●●○

FÜR 4–6 PORTIONEN

4 mittelgroße rote Zwiebeln
100 g Zucker
150 ml Balsamico bianco
200 g Wassermelone
1 Gurke
200 g Couscous
1 Msp. Kurkuma
6 EL Olivenöl
Salz, Pfeffer
3 Minzezweige
1 Knoblauchzehe
Saft und Schale von ½ Bio-Zitrone
150 g Joghurt
1 EL Honig

ZUBEREITUNGSZEIT

ca. 25 Min. + 4 Std. marinieren

SCHWIERIGKEIT

● ○ ○

Couscous mit süßsauren Zwiebeln, Wassermelonen-Gurken-Salat und Joghurt-Minz-Dressing

1 Zwiebeln schälen und halbieren. Zucker mit Essig und 250 ml Wasser aufkochen. Zwiebeln in den Essigsud geben und ca. 1 Min. kochen. Anschließend den Topf vom Herd nehmen und die Zwiebeln im Sud abkühlen lassen.

2 Wassermelone und Gurke schälen. Beides klein würfeln, miteinander mischen, mit Salz und Pfeffer würzen. Couscous mit einer Prise Kurkuma und 200 ml gesalzenem Wasser nach Packungsangabe zubereiten.

3 Couscous auf einer Platte oder einem großen Teller verteilen. Zwiebeln aus dem Sud nehmen und in einzelne Lamellen teilen. Die äußeren großen Lamellen nebeneinander kreisrund auf den Couscous setzen. Die Zwiebelherzen fein hacken, mit dem Melonen-Gurken-Mix mischen, Mix auf die Zwiebellamellen verteilen. Alles großzügig mit Olivenöl und ca. 4 EL Essigsud beträufeln.

4 Minze waschen, trocken schütteln, Blätter abzupfen, in feine Streifen schneiden. Knoblauch schälen und reiben. Zitrone heiß abwaschen, Schale abreiben und den Saft auspressen. Alles mit Joghurt und Honig vermischen. Mit Salz und Pfeffer abschmecken und dazu servieren.

FÜR 4 PORTIONEN

150 g Buschbohnen
200 g Orecchiette
Salz
4 hart gekochte Eier
250 g reife Kirschtomaten
6 Radieschen
1–2 rote Zwiebeln
100 g schwarze Oliven
50 g junger Spinat
200 g Thunfisch im eigenen Saft (Dose)
1–2 Knoblauchzehen
je 2–3 Stängel glatte Petersilie und Basilikum
1–2 Oreganostängel
3 EL Weißweinessig
1 TL mittelscharfer Senf
75–100 ml kräftige Gemüse- oder Geflügelbrühe
5–6 EL Olivenöl
Salz, frisch gemahlener Pfeffer

ZUBEREITUNGSZEIT
ca. 40 Min.

SCHWIERIGKEIT
●○○

Pastasalat à la niçoise mit Kirschtomaten, Gurke, Thunfisch, Oliven, Bohnen und Ei

1 Bohnen putzen und in Stücke schneiden. Orecchiette in kochendem Salzwasser garen, nach 8 Min. die Bohnen hinzugeben und weitere 4–5 Min. mitgaren. Anschließend Pasta und Bohnen abschütten und kalt abschrecken.

2 Inzwischen Eier pellen und in Spalten oder Scheiben schneiden. Tomaten waschen und halbieren, Radieschen waschen, putzen und in Scheiben schneiden oder hobeln. Zwiebeln schälen, halbieren und in Streifen schneiden. Spinat waschen und trocken schleudern. Thunfisch abgießen und abtropfen lassen. Alles mit Oliven und grob zerzupftem Thunfisch mischen und auf einer Servierplatte oder mehreren Tellern anrichten.

3 Für das Dressing Knoblauch schälen und fein reiben. Kräuter waschen, trocken schütteln, Blätter abzupfen und möglichst fein hacken. Alles mit Essig, Senf, Brühe und Öl in ein Schraubglas geben, gut verschließen und kräftig schütteln. Salatsauce mit Salz und Pfeffer würzig abschmecken und gleichmäßig über den Salat gießen.

Orangen-Fenchel-Salat mit gegrilltem Oktopus und Orangen-Oliven-Dressing

FÜR 4 PORTIONEN

1 Zwiebel
3 Knoblauchzehen
8 EL mildes Olivenöl
250 ml Weißwein
2 Lorbeerblätter
2 EL zerstoßener schwarzer Pfeffer
1 EL zerstoßener Fenchelsamen
2 EL Meersalz
1 Oktopus à ca. 800 g
2 kleinere Fenchelknollen
1 rote Zwiebel
4 saftige, kernlose Orangen
Saft von 1 Limette
Salz, Cayennepfeffer

ZUBEREITUNGSZEIT

ca. 45 Min. + ca. 45 Min. garen

SCHWIERIGKEIT

●●○

1 Zwiebel und Knoblauch schälen, würfeln und in 1 EL Olivenöl anschwitzen, mit Wein ablöschen. 750 ml Wasser dazugießen, Lorbeer, Pfeffer, Fenchelsamen und Meersalz hinzugeben. Oktopus waschen, in den leicht köchelnden Sud legen und in ca. 45 Min. weich garen. Anschließend herausheben, etwas abkühlen lassen und in große Stücke schneiden.

2 Inzwischen Fenchel putzen, Fenchelgrün beiseitelegen. Rote Zwiebel schälen. Beides in möglichst dünne Scheiben schneiden (das geht am besten mit einem scharfen Gemüsehobel oder einer Aufschnittmaschine). Orangen so schälen, dass auch die weiße Haut mit entfernt wird. 3 Orangen in dicke Scheiben schneiden und diese nochmals halbieren.

3 Von der übrigen Orange die Schale dünn herunterschneiden. Frucht halbieren, Saft auspressen und mit den Schalenstreifen in einem kleinen Topf um die Hälfte einkochen lassen. Die Reduktion mit dem restlichem Olivenöl und Limettensaft in einer großen Schüssel verquirlen. Fenchel- und Zwiebelscheiben hinzufügen, mit Salz und Cayennepfeffer kräftig würzen, Fenchelkraut locker unterheben, ca. 15 Min. marinieren. Dann die Orangenscheiben unterheben.

4 Oktopusstücke auf dem heißen Grill oder in einer Grillpfanne rundum in ca. 8 Min. goldbraun braten. Mit dem Salat auf Teller oder einer großen Platte verteilen. Übriges Dressing über Salat und Oktopus träufeln.

Salat von Tomate, Wassermelone und rosa Grapefruit mit süßsaurer Granatapfel-Zwiebel-Vinaigrette

FÜR 4 PORTIONEN

2 rosa Grapefruits
4 reife Tomaten
¼ Wassermelone (ca. 500 g)
75 g Salat (z. B. Rucola, heller Eichblattsalat, Romanasalat)
1 kleiner Granatapfel
1 rote Zwiebel
6 EL Olivenöl
3 EL Rotweinessig
75 ml Agavendicksaft
Salz, Pfeffer

ZUBEREITUNGSZEIT
ca. 40 Min.

SCHWIERIGKEIT
● ○ ○

1 Grapefruit so schälen, dass die weiße Haut mit entfernt wird. Filets zwischen den Trennhäuten herausschneiden. Tomaten waschen, Stielansatz entfernen, Tomaten in dicke Scheiben schneiden, je nach Größe nochmals halbieren. Melone schälen, Kerne möglichst entfernen. Melone in mundgerechte Stücke schneiden.

2 Salat putzen, waschen und trocken schleudern, auf einer großen Platte oder Teller verteilen. Melonenstücke, Grapefruitfilets und Tomaten auf den Salat geben.

3 Granatapfel halbieren, dann vierteln, Kerne herauslösen (am besten Gummihandschuhe anziehen). Zwiebel schälen, klein würfeln und in 1 EL heißem Olivenöl ca. 1–2 Min. anschwitzen, gelegentlich umrühren. Mit Essig ablöschen, Granatapfelkerne und Agavendicksaft unterrühren. Pfanne vom Herd ziehen und restliches Olivenöl unterquirlen. Vinaigrette mit Salz und Pfeffer abschmecken, etwas abkühlen lassen, danach über die Zutaten verteilen und servieren.

ADVERTORIAL

CHAMPAGNE

Laurent-Perrier

MAISON FONDÉE
1812

PRÄSENTIERT

Kulinarische Golf-Tour^3

UNSER KULINARISCHER GRAND SLAM

3

3 x Internationale Luxury-Hotels

3 x Zwei-Sterne-Restaurants

3 x Golfplätze direkt am Hotel

Die Kulinarische Golf-Tour^3, die ihresgleichen sucht

Drei einzigartige Top-Golf-Resorts laden ein zu Kulinarik, Wellness und Golf (Stableford, nicht vorgabewirksam) auf Prestige-Luxus-Level. Reservieren Sie jetzt einen der limitierten Teilnehmer-Plätze.

16. bis 18. Juli 2023
5 Sterne Superior
Wald & Schlosshotel Friedrichsruhe
Reservierung: +49 7941 6087-0

13. bis 15. August 2023
5 Sterne Superior Resort
Der Öschberghof
Reservierung: +49 771 84-0

27. bis 29. August 2023
Resort Das Achental im Chiemgau
Reservierung: +49 8641-4010

Medienpartner:

DER FEINSCHMECKER

DAS LEBEN GENIESSEN · REISEN · ESSEN · TRINKEN

Diese Küchenchefs nehmen Sie mit auf eine kulinarische Reise: **Boris Rommel**, Küchenchef Le Cerf; **Manuel Ulrich**, Küchenchef Ösch Noir; **Edip Sigl** Küchenchef es:senz

Weitere Informationen und Reservierung direkt über das jeweilige Hotel unter dem Stichwort: »Laurent-Perrier Golf-Tour^3«

1. Tag: Anreise mit Möglichkeit für eine Proberunde. Abend: Gourmet-Menü mit korrespondierenden Weinen und ausgesuchten Laurent-Perrier Champagnern.

2. Tag: Kulinarischer Grand Slam (Stableford) Abend: feierliche Siegerehrung bei Laurent-Perrier Champagner und Caviar Tasting.

Ab 1050 Euro inkl. 2 Übernachtungen, Golf & Gourmet-Menü.

Wald & Schlosshotel Friedrichsruhe
GOLF, WELLNESS UND SPA

DER ÖSCHBERGHOF

DAS ACHENTAL

Aus dem Vollen schöpfen

Alle bedienen sich selbst und mit jeder Kelle steigt die Stimmung – denn Bowle ist ein genialer Eisbrecher. Wir feiern das Comeback des Partyhits der 70er mit einer spritzigen Variante

Waldmeisterbowle

FÜR 4–6 PORTIONEN
20 Stängel Waldmeister; vor der Blüte geerntet
700 ml trockener Weißwein
500 ml eiskalter Sekt
4 Bio-Limetten

ZUBEREITUNGSZEIT
10 Min. + 1 Std. trocknen + 1,5 Std. marinieren

SCHWIERIGKEIT
●○○

1 Waldmeister abbrausen und gut abtropfen lassen. Die Stängel zusammenbinden und kopfüber hängend ca. 1 Stunde antrocknen lassen.

2 Anschließend mithilfe eines Kochlöffels kopfüber in eine Bowleschüssel hängen, sodass die bitteren Stängel nicht mit Flüssigkeit in Berührung kommen. Blätter im Weißwein ca. 1,5 Std. im Kühlschrank ziehen lassen.

3 Zum Servieren mit Sekt auffüllen. Die Limetten heiß abwaschen, trocken tupfen, in dünne Scheiben schneiden, zur Bowle geben und servieren.

JOHANNS GEHEIMTIPP:

„Für ein noch intensiveres und leuchtend grünes Ergebnis den Waldmeister mit 2 EL Waldmeistersirup sowie Saft und Schale von 4 Limetten im Mixer fein pürieren, 1,5 Stunden marinieren lassen und dann erst mit Sekt und Wein aufgießen. Das klappt auch mit anderen Zutaten, sie müssen nur aromastark sein, wie etwa Zitronengras oder Zitronenthymian. Einfach zerkleinern und nach Belieben mit Sirup und Zitrussaft und -schale marinieren. Bei einer Bowle muss die Basis stimmen."

FOTO: Lucie Eisenmann/Stockfood

Und jetzt: Zugriff!

Bei solchen Häppchen sollte man nicht zögern: Kreatives Fingerfood ist der perfekte Appetizer zum Sommerdrink

Fotos: MATHIAS NEUBAUER

Foodstyling: ANDREAS NEUBAUER

Gurken-Räucherlachs-Röschen mit Wasabi-Mayonnaise, Ingwer und Sesam

Rezept auf Seite 110

Blätterteig-Röllchen mit würziger Spinatfüllung

Rezept auf Seite 110

Plunderteig-Burger mit Avocado-Gurken-Remoulade und Graved Lachs

Rezept auf rechter Seite

Plunderteig-Burger mit Avocado-Gurken-Remoulade und Graved Lachs

FÜR 8–10 MINI-BURGER

Für die Burger:
2 Rollen Fertigteig für Croissants (Kühlregal)
weiche Butter für die Form
1 Eigelb
2 EL Milch
2 EL weißer Sesam

Für die Remoulade:
1 Bund Dill
2 EL Crème fraîche
125 g Mayonnaise
Saft von ½ Limette
Salz, Cayennepfeffer
50 g Kopf- oder Romanasalat
½ Salatgurke
1 kleine Avocado
250 g in dünne Scheiben geschnittener Graved Lachs

Außerdem:
Muffinblech

ZUBEREITUNGSZEIT
40 Min. + 25 Min. Teigruhe + 25 Min. backen

SCHWIERIGKEIT
● ○ ○

1 Die Rollen des Croissantteigs in jeweils 4–5 ca. 2 cm dicke Scheiben schneiden. Diese in gut gebutterte Muffinförmchen legen und ca. 25 Minuten an einem warmen Ort gehen lassen.

2 Ofen auf 200 °C Ober-/Unterhitze vorheizen. Eigelb mit Milch gründlich verquirlen. Teig in den Muffinförmchen mit der Eigelbmischung bepinseln und mit Sesam bestreuen.

3 Muffinblech in die Mitte des heißen Ofens stellen, Teig in ca. 25 Min. goldbraun backen. Muffins etwas abkühlen lassen und aus den Förmchen nehmen.

4 Für die Remoulade Dill abzupfen, fein hacken und mit Crème fraîche, Mayonnaise und Limettensaft verrühren. Mit Salz und Cayennepfeffer würzen.

5 Salat putzen, waschen und in mundgerechte Stücke zupfen. Gurke schälen und klein würfeln. Avocado halbieren, Kern entfernen, Fruchtfleisch ebenfalls klein würfeln. Gurken- und Avocadowürfel unter die Remoulade mischen.

6 Die Brötchen halbieren. Die unteren Hälften mit Salat belegen. Remoulade darauf verteilen, Graved Lachs darauflegen und mit der zweiten Brötchenhälfte belegen.

Blumenkohl-Puffer mit Kaviar und Schnittlauch-Crème-fraîche

FÜR 12 MINI-PUFFER
250 g Blumenkohl
Salz
2 Eier
10 g frische Hefe
100 g Mehl
Cayennepfeffer
frisch geriebene Muskatnuss
1 Bund Schnittlauch
200 g Crème fraîche
1–2 TL Limettensaft
50 g Butterschmalz
50 g Sevruga- oder Beluga-Kaviar

ZUBEREITUNGSZEIT
45 Min.

SCHWIERIGKEIT
● ○ ○

1 Blumenkohl in Röschen teilen, in kochendem Salzwasser in ca. 10 Min. weich garen. Abgießen, trocken tupfen und mit einem Kartoffelstampfer fein zerdrücken.

2 Eier trennen. Hefe mit 75 ml lauwarmem Wasser glatt rühren, zuerst Eigelbe und Mehl, dann den Blumenkohlstampf untermischen. Eiweiß mit 1 Prise Salz zu steifem Schnee schlagen, behutsam unter den Teig heben. Mit Salz, Cayennepfeffer und Muskat kräftig würzen und zugedeckt 30 Min. gehen lassen.

3 Inzwischen Schnittlauch waschen, trocken schütteln und in sehr feine Ringe schneiden. ²/₃ Teil mit Crème fraîche und 1 Spritzer Limettensaft verrühren, mit etwas Salz würzen. Restlichen Schnittlauch zum Bestreuen beiseitestellen.

4 Butterschmalz in einer beschichteten Pfanne erhitze.. Aus dem Teig ca. 4–5 cm große Puffer formen, von beiden Seiten bei mittlerer Hitze ausbacken. Anschließend auf Küchenpapier abtropfen lassen.

5 Schnittlauch-Crème-fraîche und Kaviar auf den Puffern verteilen und mit restlichem Schnittlauch bestreut servieren.

Parmesan-Tacos mit Melonen-Parmaschinken-Röllchen

FÜR 20–24 TACOS
50 g Mehl
1 EL Zucker
1 TL Salz
1 Eiweiß (Größe L),
50 g weiche Butter
50 g frisch geriebener Parmesan
30 g Rucola,
½ Cantaloupe-Melone
2–3 EL Olivenöl
1–2 TL Balsamico bianco
schwarzer Pfeffer aus der Mühle
10–12 Scheiben Parmaschinken

ZUBEREITUNGSZEIT
1 Std.

SCHWIERIGKEIT
●●○

1 Mehl mit Zucker und Salz mischen. Eiweiß hinzufügen und alles zu einer glatten Masse verrühren. Erst weiche Butter, dann Parmesan gründlich untermischen.

2 Ofen auf 180 °C Ober-/Unterhitze vorheizen. Parmesanmasse mithilfe einer Palette (oder einem Löffelrücken) zu gleichmäßig dünnen Kreisen (20–24 Stück à Ø 8 cm) auf einem mit Backpapier belegten Blech austreichen. Im Ofen auf der mittleren Schiene ca. 6–8 Min. goldbraun backen. Anschließend noch warm über eine Pastarolle oder in einen Taco-Halter legen und erkalten lassen.

3 Rucola putzen, waschen und trocken schleudern. Melone schälen und in ca. 5 mm dicke Stifte schneiden. Rucola und Melonenstifte mit Olivenöl und Balsamico marinieren, mit Salz und Pfeffer würzen.

4 Schinkenscheiben halbieren, jeweils etwas Melonen-Rucola-Mischung auf jede Schinkenhälfte verteilen und aufrollen. Schinkenröllchen in die Parmesan-Tacos legen und sofort servieren.

Toast-Crostini mit Roastbeef und Avocado-Erbsen-Creme

FÜR 18 CROSTINI
Für die Creme:
1 kleine Avocado
1 Knoblauchzehe
100 g aufgetaute TK-Erbsen
3 EL Olivenöl
Saft von ½ Zitrone
Salz
Cayennepfeffer

Für die Creme:
9 Toastbrotscheiben
50 g Butterschmalz
1 dickes Rumpsteak à 350 g
Meersalz, zerriebener rosa Pfeffer
2 EL Pflanzenöl
1–2 in feine Ringe geschnittene Frühlingszwiebeln

ZUBEREITUNGSZEIT
45 Min.

SCHWIERIGKEIT
●○○

1 Für die Creme Avocado halbieren, Kern entfernen. Fruchtfleisch mit einem Löffel herauskratzen. Knoblauch schälen und hacken. Beides mit aufgetauten Erbsen, Olivenöl und Zitronensaft in einem hohen Becher mit dem Stabmixer zu einer feinen Creme pürieren. Mit Salz und Cayennepfeffer würzig abschmecken.

2 Für die Crostini je 2 Kreise aus jeder Brotscheibe ausstechen und in heißem Butterschmalz goldbraun und knusprig ausbacken. Auf Küchenpapier abtropfen lassen.

3 Steak mit Meersalz und rosa Pfeffer würzen und in einer heißen Pfanne in heißem Öl 6 Min. braten, das Steak jede ½ Minute wenden. Dann aus der Pfanne nehmen und ca. 5 Min. ruhen lassen.

4 Inzwischen die Avocadocreme mit einem Löffel dick auf die Crostini streichen.

5 Das Steak der Länge nach in 18 dünne Scheiben schneiden und diese aufrollen.

6 Je 1 Rolle auf jeden Crostino setzen, mit etwas rosa Pfeffer und Salz würzen und mit Frühlingszwiebelringen bestreuen.

MEIN TIPP:

„Statt Roastbeef schmecken auch in Scheiben geschnittene, scharf angebratene Steinpilze oder Kräuterseitlinge klasse.“

Toast-Crostini mit Roastbeef und Avocado-Erbsen-Creme

Rezept auf linker Seite

Gurken-Räucherlachs-Röschen mit Wasabi-Mayonnaise, Ingwer und Sesam

FÜR CA. 16 RÖSCHEN

2 TL Wasabi-Paste (Asienladen)
100 g Mayonnaise
Saft von ½ Limette
Salz, Cayennepfeffer
2 kleinere Salatgurken (etwa 20 cm lang)
250 g in dünne Scheiben geschnittener Räucherlachs
25 g eingelegter Ingwer (Asienladen)
2–3 TL gerösteter Sesam zum Bestreuen

ZUBEREITUNGSZEIT
40 Min.

SCHWIERIGKEIT
● ○ ○

1 Wasabi-Paste mit Mayonnaise und Limettensaft verrühren und mit Salz und Cayennepfeffer abschmecken.

2 Gurken waschen und der Länge nach auf einem Gemüsehobel in dünne Scheiben schneiden. Räucherlachsscheiben je nach Größe nochmals halbieren.

3 Auf jede Gurkenscheibe zunächst etwas eingelegten Ingwer verteilen. Darauf je 2–3 halbe Lachsscheiben legen. Belegte Gurkenscheibe straff aufrollen und mit einem kleinen Holzspieß feststecken.

4 In die Mitte eines jeden Gurken-Räucherlachs-Röschens etwas Wasabi-Mayonnaise spritzen, zum Schluss mit Sesam bestreuen.

MEIN TIPP:

„Die Spinaträllchen kann man im Voraus machen: mit Eigelb bestreichen, in Stücke schneiden, roh einfrieren. Vom Tiefkühler geht es dann direkt in den Backofen.“

Blätterteigröllchen mit würziger Spinatfüllung

FÜR 25–30 RÖLLCHEN

250 g aufgetauter TK-Blattspinat
1 Zwiebel
2 Knoblauchzehen
2 EL Olivenöl
125 g Ricotta
4 Eigelbe
50 g frisch geriebener Parmesan
4–5 EL Semmelbrösel
Salz, schwarzer Pfeffer aus der Mühle
frisch geriebene Muskatnuss
1–2 EL Milch
400 g Blätterteig (ausgerollt aus dem Kühlregal)

ZUBEREITUNGSZEIT
1 Std. + 45 Min. kühlen + 20–25 Min. backen

SCHWIERIGKEIT
● ○ ○

1 Für die Füllung den Spinat gut ausdrücken, hacken und in eine große Schüssel geben. Zwiebel und Knoblauch schälen, fein würfeln und in heißem Öl 1–2 Minuten anschwitzen. Dann mit Ricotta, 2 Eigelben, Parmesan und Semmelbröseln zum Spinat geben und alles gründlich vermischen. Masse mit Salz, Pfeffer und Muskat kräftig würzen und in einen Spritzbeutel mit großer Lochtülle umfüllen.

2 Die restlichen Eigelbe mit Milch verquirlen. Blätterteig entrollen und in 3 ca. 9 cm breite und ca. 30 cm lange Streifen schneiden.

3 Streifen gleichmäßig dünn mit einem Teil der Eigelbmischung bestreichen. Spinatfüllung der Länge nach daraufspritzen, Teigstreifen von der breiten Seite her einrollen. Dann die Rollen ca. 45 Minuten ins Gefrierfach geben.

4 Ofen auf 200 °C Ober-/Unterhitze vorheizen. Teigrollen aus dem Gefrierfach nehmen, mit der restlichen Eigelbmischung bestreichen und im Abstand von ca. 5 mm mit einem scharfen Messer einschneiden (nicht durchschneiden!).

5 Dann die Rollen in ca. 3 cm kurze Stücke teilen, diese nebeneinander auf ein mit Backpapier belegtes Backblech legen. Blätterteigröllchen in 20–25 Minuten goldbraun backen. Am besten noch lauwarm servieren.

Vitale Ernährung
Im Alter voll im Trend

Vital, lecker, vielseitig und Johann Lafer – das Augustinum denkt vitale Ernährung im Alter neu

Die exzellente Küche des Augustinum ist sicherlich einer der Gründe, dass sich die Bewohnerinnen und Bewohner in den deutschlandweit 23 Seniorenresidenzen der gemeinnützigen Augustinum Gruppe so wohlfühlen. Von raffinierten Festtagsgerichten über gehobene Hausmannskost bis zum vegetarischen Angebot – der Anspruch an die Küche im Augustinum ist vorrangig die frische Zubereitung saisonaler und regionaler Spezialitäten sowie natürlich der hervorragende Geschmack. Täglich haben sie mittags die Wahl aus drei leckeren Menüs, deren Komponenten sie spontan und frei nach Gusto miteinander kombinieren können. Daneben gibt es zahlreiche weitere kulinarische Angebote wie eine Gerichte-Auswahl am Abend, den Appartementservice, ein reichhaltiges Frühstücksbuffet oder Kaffee-, Kuchen- und Eisvariationen am Nachmittag. Eine Hauptmahlzeit am Tag ist dabei im Pensionspreis bereits inbegriffen.

„Augustinum Vital“ bereichert nun seit Mitte Januar die Menükarte der Augustinum Restaurants um ein Speisenangebot, das die besonderen Anforderungen an eine gesundheitsfördernde altersgerechte Ernährung optimal erfüllt, gleichzeitig aber keine Abstriche beim Geschmack macht. Grundlage von „Augustinum Vital“ bilden die neuesten wissenschaftlichen Erkenntnisse aus Ernährungsmedizin, Ökotrophologie und Gerontologie, die von **Johann Lafer** und den kreativen Köchinnen und Köchen des Augustinum in leckere Rezepte übersetzt werden.

Nach den ersten Monaten kann man bereits ein Resümee wagen: Das vitale Speisenangebot ist ein voller Erfolg! Seit der Einführung waren fast die Hälfte aller bestellten Gerichte in der Menükarte mit dem Label „Augustinum Vital“ gekennzeichnet. „Unsere Bewohnerinnen und Bewohner sind begeistert. Viele haben eine ungeahnte Experimentierfreude entdeckt, was neue Zutaten und Geschmacksrichtungen angeht“, freut sich Christoph Specht, Geschäftsführer der Augustinum Gastronomie. „Mit *Augustinum Vital* sind wir genau am Puls der Zeit und setzen mit einem hochmotivierten Team aus Expert*innen der unterschiedlichen Disziplinen neue Standards bei der vitalen, altersgerechten und zugleich wohlschmeckenden Ernährung“.

„Augustinum Vital“ hört bei der Ernährung nicht auf. Auch in Zukunft werden die 23 Augustinum Seniorenresidenzen in ganz Deutschland Sie dabei unterstützen, aktiv zu bleiben und das Leben zu genießen.

Keine Abstriche beim Geschmack: Johann Lafer und die kreativen Köchinnen und Köche des Augustinum.

Infos über das Augustinum und „Augustinum Vital“ finden Sie unter: **augustinum.de/vital**

Vorstellung des neuen vitalen Speisenangebotes. Im Mittelpunkt: Johann Lafer, der dem Augustinum seit gut einem Jahr als kulinarischer Berater zur Seite steht.

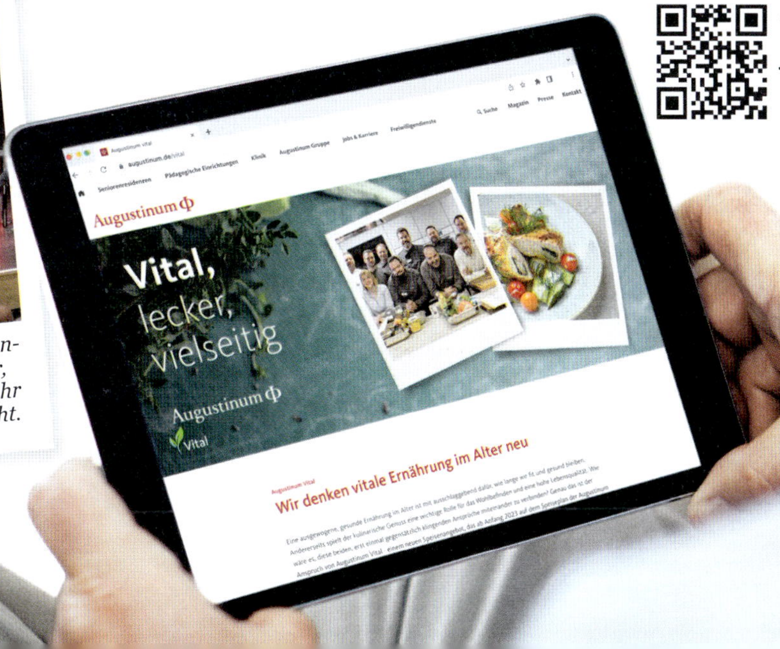

FOTOS: AUGUSTINUM

NETZWERK
Das Start-up „Frisch gefischt“ (S. 112) setzt auf bewährtes Handwerk und kleine Kutter statt auf Trawler

Lafer & Friends
L&F
Gute Produzenten

Auf Ideen-Fang

Neue Zuchtwege, alte Fischermethoden oder pures Handwerk : Drei Start-ups helfen mit innovativen Ideen und viel Idealismus, den Fischbestand zu schonen und liefern auch noch köstliches Seafood

Text:
MADELEINE JAKITS

FOTO: Yves Pascal Eckhardt

A

Andreas Reinhardt und Lars Bäumer, beide 33, sind Jugendfreunde aus Stuttgart. Der Politologe und der Pädagoge sind seit April 2019 die Inhaber von „Frisch gefischt" mit Sitz in Hamburg. Reinhardts Uropa war Kutterfischer, Bäumer bekam mit sieben seine erste Angel. „Aus Liebe zum Fisch" heuerte er nach der Uni für eine Weile auf einem Thunfisch-Longliner im Südpazifik an. „Ja, wir haben wohl alle beide Lebertran im Blut."

Statt auf industriellen Fischfang, der schon mit einem einzigen großen Trawler an nur einem Tag bis zu zehn Tonnen pro Haul abfischen und so komplette Bestände eines Fanggebiets abräumen kann, setzt das Start-up der Freunde ganz auf die Fischerei als altes Handwerk, das die Ressourcen der überfischten Meere schont, auf den saisonalen Zyklus der Arten achtet und beim raffgierigen globalen Raubbau nicht mitmacht.

Aber zuerst musste ein Netz von Fischern geknüpft werden, die ihnen auch etwas von ihren Fängen verkaufen wollten. „Heute pflegen wir die Kontakte zu unseren Fischern ganz intensiv", so Bäumer. Kleine Fischereibetriebe und -genossenschaften, aber auch einzeln fischende Handwerker, die nicht digital vernetzt sind und deren Wissen irgendwann verloren geht – das sind die Lieferanten, um die es hier geht. Wie gut die Qualität aus solchen Händen ist, das wissen die Kunden, die Gastronomen, sehr zu schätzen.

Derzeit verkaufen sie bei „Frisch gefischt" zwischen ein und zwei Tonnen Ware im Monat, Tendenz steigend. Aber selbstredend ohne Zukäufe aus Schleppnetzfängen. Dann gibt es an manchen Tagen halt mal weniger im Angebot. „Mit diesem Konzept wollen wir für unsere geplünderten Gewässer ja auch eine Nachhaltigkeit in kleinen Schritten erreichen. Unsere Fischer sind in der Ostsee mit Booten unterwegs, die keine zwölf Meter lang sind", sagt Bäumer, „und in der Nordsee halten wir uns an Kutterfischer mit Stellnetzen, die am Tag 60 oder sogar mal 300 Kilo heimbringen. Oder gar nichts."

Die größte Herausforderung der ersten zwei Jahre? Die Logistik für maximale Frische, anfangs mit einem kleinen Kühllaster, der vom Hamburger Oberhafen den Fisch von verstreuten kleineren Häfen im Norden Deutschlands abholte. Was für eine Fahrerei! Beiladungen auf Kühltransporten, die auf direkten Wegen die Ware mitbrachten, waren da, auch ökologisch gesehen, besser.

Um wie viel teurer ist die Ware von „Frisch gefischt" gegenüber der aus herkömmlichem Handel? „Wir sind kaum teurer, manchmal sogar günstiger. Und: viel frischer!", sagt Lars Bäumer. „Der Handel hat meist zwei, wenn nicht drei Zwischenhändler, jeder schlägt im Preis noch mal bis zu 100 Prozent drauf. Auf diesen Wegen ist der Fisch oft erst neun Tage, nachdem er gefangen wurde, bei dem, der ihn essen will – oder sogar noch später." Da kommt auch der Laie ins Grübeln: Geht das denn ohne Tiefkühlung? Bäumer schweigt vielsagend.

L&F

FRISCH GEFISCHT
Lagerstr. 11, Halle D, 20357 Hamburg
Tel. 040-74 12 40 80, frischgefischt.de
zzt. nur Gastronomie, Shop in Planung.
Probieren kann man in Berlin in der Markthalle Neun, Eisenbahnstr. 42/43

FOTOS: Yves Pascal Eckhardt, Wim Jansen

KEINE RAUB-FISCHE
Mal ist der Fang größer, mal auch kleiner bei dem nachhaltigen Konzept

FISCHFREUNDE
Andreas Reinhardt (l.) und Lars Bäumer haben ihr Start-up 2019 ins Leben gerufen

> „Die Jungs von ‚Frisch gefischt' sind Vorbilder: Sie fischen in kleinem Stil mit maximaler Frische und Ressourcenschonung."
>
> *Johann Lafer*

„Joost und Marco von ‚AusterRegion' haben sich auf wilde Austern ohne Fressfeinde spezialisiert, die sie im Wattenmeer per Hand sammeln. Win-win für alle!"

Johann Lafer

HARTE SCHALE
Und zwar so hart, dass selbst Möven sie nicht knacken können. Aber ein Austernmesser!

KOSTPROBE
Auf Hamburger Wochenmärkten kann man Joost Beckens (l.) und Marco Schnackenbergs Austern kosten

Marco Schnackenberg (32) und sein Kompagnon Joost Becken (33) kennen sich noch aus der Schule in Bremerhaven. Der eine, studierter Ingenieur der Betriebswirtschaft, der andere Betriebswirt mit Studienschwerpunkt auf Themen der Nachhaltigkeit, haben 2016 mit ihrer Geschäftsidee, heimische, wild wachsende Austern anzubieten, den Sprung quasi ins kalte Nordseewasser gewagt.

„Beide wollten wir nicht mehr angestellt in Büros herumhocken, sondern lieber selbstständig sein. Und auch viel an der frischen Luft sein", so Becken vergnügt. Ihr Firmensitz ist zwar in Bremen, doch zweimal die Woche suchen die beiden ihr Publikum lieber in der nächsten Hansestadt: in Hamburg. Freitags auf dem Isemarkt und samstags auf dem Marie-Jonas-Platz. Beide Märkte finden im arrivierten Stadtteil Eppendorf statt, wo man vielleicht mehr genussfreudige Leute antrifft als anderswo in der Stadt, gern auch zum Austernschmaus mit Champagner am Stehtisch.

Was aber sind Austern aus der Region? Joost Becken gibt Auskunft: „Es sind Pazifische Austern, die sich im Nationalpark Oosterschelde im niederländischen Wattenmeer bei Groningen auf großen natürlichen Riffen breitgemacht haben. Nur wenige bekommen dort eine Lizenz, sie gewerblich zu sammeln, was im deutschen Teil des Watts nicht erlaubt ist." Dort, wo die Ems in die See mündet, ist das Wasser weniger salzig und besonders reich an Plankton. Und davon ernähren sich die Muscheln. Wie wurde die Pazifische Auster mit der welligen Schale überhaupt in der Nordsee ansässig?

„Man weiß es nicht genau. Vielleicht sind mal ein paar ausgebüxt aus den Sylter Aufzuchten? Oder sie wurden als weit gereiste blinde Passagiere mit dem Ballastwasser großer Schiffe abgelassen", mutmaßt Joost Becken. Die Pazifische Auster, erzählt er, ist eine extrem invasive Art, die alteingesessene Artgenossen aus dem angestammten Lebensraum verdrängen – und sich rasant vermehren. Keine Fressfeinde und hart im Nehmen: Diese Auster hat so steinharte Schalen, dass sie auch dann intakt bleibt, wenn schlaue Möwen sie aufnehmen und aus der Höhe zielgenau auf Felsen schmettern.

„Die wilden Austern werden bei Ebbe von Hand im Schlick gesammelt, sie stecken massenhaft im Sandboden oder setzen sich auf Steinen fest, da wird kein Ökosystem zerstört oder Raubbau betrieben", versichern die beiden. Für vier Euro das Stück gibt es an ihren zwei Stehtischen appetitliche, acht Zentimeter große Austern, aber auch kleinere. Ebenso im Angebot: Wilde Jakobsmuscheln aus Norwegen, bildschöne Teppichmuscheln aus dem Wattenmeer, auch Austern aus Frankreich und Irland reichern die Auslagen an – man sieht, die beiden begeistern sich weiträumig für ihr nasskaltes Gewerbe.

L&F

AUSTERREGION
Rückertstr. 47, 28199 Bremen
Tel. 0176-47 15 83 42
www.austerregion.de (Shop)
Verkauf in Hamburg-Eppendorf:
Fr 9-14 Uhr auf dem Isemarkt (meist Höhe Isestr. 50). Sa 10-15 Uhr auf dem Markt Marie-Jonas-Platz

FOTO: Volker Renner

FANGFRISCH
Fern der Küste, in Gronau an der Leine bei Hildesheim, werden diese White-Tiger-Garnelen gezüchtet

VIER GEWINNT
Ludwig v. Brockhausen, Tarek und Philipp Hermes und Fischwirtschaftsmeister Max Hoersen schaffen „Neue Meere“

„Die vier von ‚Neue Meere‘ züchten nachhaltig Garnelen – und das ganz ohne Meer.“

Johann Lafer

Warum, so die Frage, die dem Projekt „Neue Meere“ den Anstoß gab, fliegt eine Garnele eigentlich um die halbe Welt, damit sie bei uns in der Pfanne landet? Es geht auch anders, beweisen die vier Akteure des Start-ups mit ihren marinen White-Tiger-Garnelen aus „landbasierter deutscher Aquakultur“, so der Behördensprech. Ideengeber ist der Agrarwissenschaftler Tarek Hermes (39). Nach dem Studium setzte er ab 2011 alles daran, seine Idee zu realisieren. Die erste „Ernte“ von 500 Kilo Gronauer Garnelen gab es im Dezember 2020. Sein Studienkollege Ludwig v. Brockhausen (39) ist für Finanzen, Marketing und den Vertrieb der Garnelen zuständig.

Der dritte ist Philipp Hermes (44), Bruder von Tarek und Jurist. Er agiert diskret im Hintergrund, als „strategischer Kopf“, wie die anderen über ihn sagen. Doch ohne Betriebsleiter, den Fischwirtschaftsmeister Max Hoersen (38), kein Krustentier aus Niedersachsen: So einen braucht es, wenn man das Meer in Gronau, also 79 Meter über dem Meeresspiegel, simulieren will: 1,60 Meter Wassertiefe in den sechs Becken der Anlage, Raumtemperatur 32 Grad, das Wasser 29 Grad. Und dazu Finsternis wie tief im Ozean. Hoersens für „Neue Meere“ eigens ausgearbeitete Anlage, ein Labyrinth aus Rohren und Röhren. Zwei Blockheizkraftwerke sorgen fürs kuschelige Klima. Und dann muss da ja noch das Meersalz ans Badewasser – mit wenig Jod und viel Calcium. Das Abschmecken der 1000 Kubikmeter übernimmt Max Hoersen.

Das Gronauer „Meerwasser“ wird biologisch gereinigt und bleibt dauerhaft im Produktionszyklus, allenfalls ein bis zwei Prozent Wasserverlust müssen gelegentlich mal ersetzt werden. Verzichtet wird in der Kinderstube der Garnele auf Schreckgespenster wie Wachstumsförderer, Antibiotika und Konservierungsmittel. Gefüttert wird mit Pellets, zu 80 Prozent aus pflanzlichen Proteinen, angereichert mit Fischöl und Fischmehl, alles zertifiziert.

Die zarte, fein salzig-süße Diva, die *Litopenaemus vannamei*, erreicht schon in sechs Monaten ein tellergerechtes Gewicht von 30 Gramm. Larven für die jährlich etwa 25 bis 26 Tonnen Garnelen liefern vor allem amerikanische Züchter. Die „Garnele 1“, wie sie hier firmiert, wird tagesfrisch abgefischt, sobald die Bestellungen der Kunden eintreffen. Dann geht die vakuumierte Ware in einer nachhaltigen Verpackung aus Altpapier, die sogar kühlt, auf die Reise. Und innerhalb von 24 Stunden hat man seine White Tigers in „Sushi-Qualität“, willkommen auch für rohe Zubereitungen wie Tatar und Ceviche.

Elf Jahre von der Idee bis zur Marktreife, da braucht es Geduld. Ludwig v. Brockhausen bringt die Beweggründe des Garnelen-Quartetts auf einen handlichen Nenner: „Wir wollen alte Meere in Ruhe lassen. Und neue Meere schaffen.“

L&F

NEUE MEERE
An der Chaussee 2, 31028 Gronau (Leine), Tel. 05182-962 56 72
www.neuemeere.de
Hofladen Fr 9-17 Uhr geöffnet

Aromatherapie

Auch ein perfektes Paar sollte offen sein für Veränderung: Salz und Pfeffer mit Gewürzen zu verfeinern, ist ganz einfach und weckt die Experimentierlust

Text:
GABRIELE THAL

Salz

Mit trockenen Zutaten

Das geht schnell und hält sich, luftdicht im sauberen Schraubglas aufbewahrt, ewig: Getrocknete Pilze, Chilis oder Kräuter im Mörser oder Blitzhacker fein zerkleinern, Gewürzsaaten wie Koriander oder Piment vorher in einer Pfanne ohne Fett bei mittlerer Hitze anrösten, bis sie duften. Die gemörserten Zutaten im Verhältnis 1:3 mit Salz mischen. Möglichst trockene, feinkörnige Salze dafür nehmen, kein feuchtes Meersalz.

Mit feuchten Zutaten

Zitrusschale, Parmesan, frische Kräuter oder, etwas ausgefallener, Vanille werden fein gerieben bzw. gehackt, die Vanillesamen herausgekratzt. Im Verhältnis 1:3 mit Salz vermischen, auf einem Backblech oder Tablett ausbreiten und ca. 12 Stunden trocknen lassen, dabei gelegentlich wenden. Hält sich luftdicht verschlossen 2 bis 3 Monate.

Mit Flüssigkeiten

Das Ergebnis ist sehr intensiv und hat eine herrliche Farbe – hält sich aber maximal 1 Monat. Also lieber kleinere Mengen herstellen. Dafür Salz auf einem Backblech ausbreiten, flüssige Würze wie etwa Rotwein, pürierte, mit Wasser verdünnte Kräuter oder Säfte von Tomate oder Roter Bete nach und nach gleichmäßig darüberträufeln, bis das Salz gesättigt ist. Dann im Backofen auf der mittleren Schiene bei 50 °C Ober-/Unterhitze und leicht geöffneter Ofentür ca. 3–4 Stunden trocknen.

Mit Rauch

Hierfür nutzt man die noch heiße Kohle vom BBQ. Zur Vorbereitung Räucherchips aus z. B. Buche, Apfel oder Hickory mit Wunschgewürzen in Wasser einweichen. Eine Metallschale mit Salz auf den Rost stellen, die ausgedrückten Räucherchips auf die Glut streuen. Den Grilldeckel schließen und ca. 20 Minuten räuchern.

Pfeffer für zwei

Mit Zitrusschale
Ob Schale von Orange, Zitrone oder Limette: Wählen Sie am besten schwarzen Pfeffer, er ist weniger scharf, hat dafür mehr ätherische Noten. Kubebenpfeffer hat schon von Natur aus eine Zitrusnote. Zum Aromatisieren Pfefferkörner mit Schalenabrieb im Verhältnis 3:1 mischen, zum Trocknen auf einem Backblech ausbreiten und gelegentlich wenden. Sobald er trocken ist, den Pfeffer entweder gleich mahlen oder in eine Mühle umfüllen.

Steakpfeffer
Dieses Blitzrezept ist auch ein nettes Mitbringsel zur BBQ-Einladung. Entweder weißen, grünen, roten sowie schwarzen Pfeffer mischen oder verschiedene schwarze Sorten wie Tellycherry, Kampot, Malabar- oder Kubebenpfeffer kombinieren. Nach Belieben noch Salz und fein zermörserte, getrocknete Chili hinzufügen. Den Mix jeweils gleich mahlen oder in eine Mühle umfüllen.

Pfeffermarinade
Ein Marinade aus Öl, Zitrusschale, getrockneten Kräutern, Gewürzen nach Belieben und zwei, drei Pfeffersorten aromatisiert Fleisch, Fisch und Gemüse. Dafür Gewürze, Kräuter und Pfeffer zermösern, Zitrusschale reiben, alles mit gutem Olivenöl vermengen Man kann die Marinade im Voraus in größerer Menge herstellen und luftdicht im Schraubglas aufbewahren, sie hält sich 2–3 Monate und wird umso intensiver.

Pfeffer-Rub
Ein Rub ist eine Trockenmarinade, etwa aus verschiedenen Pfeffersorten, Gewürzen, Salz und getrockneten Kräutern, mit denen das Fleisch eingerieben und bis zu 12 Stunden mariniert wird. Wichtig dafür ist, dass alles sehr fein pulverisiert wird, das geht fix im Blitzhacker, etwas aufwendiger im Mörser. Die Mischung hält sich luftdicht verschlossen mindestens 6 Monate.

FOTO: Victoria Firmston/Stockfood

Schön entspannend

Auch auf der Terrasse und im Garten wollen wir nicht auf Komfort und Design verzichten: schicke Möbel, Textilien und Accessoires für das Freiluft-Wohnzimmer

NATUR PUR
Textilien aus Naturmaterialien in Bioqualität: Hamamtuch „Bolu", Bambus, € 25, Läufer „Sandi", Jute, 80 x 250 cm, € 139, www.urbanara.de

PLATZ AN DER SONNE
Wie handgesägt wirken die Streben von Outdoor-Stuhl „Aligned" und dadurch ganz schön lässig. Metall und Holz, 2er-Set € 390, www.valerie-objects.com

SEHR ZU DIENSTEN
Beistelltisch „Sydney" bietet unter seiner Platte Stauraum für Kissen und Decken. Metall, kupferfarben, Ø ca. 40 cm, ca. € 80, www.baur.de

FOTOS: Klaus Hohnwald, Benedikt Klemm, Brita Sönnichsen

BESCHWINGT
Gartenschaukel „Augusta“ für zwei aus FSC-zertifiziertem Eukalyptusholz mit passenden Ketten und Haken zum sicheren Aufhängen, B 130 x T 63 x H 57 cm, ca. € 260, www.baur.de

DIE DÜRFEN MIT RAUS
Lichtecht, flecken- und wasserabweisend, dabei atmungsaktiv und mit angenehmer Haptik sind die Outdoorkissen von Apelt. Diverse aparte Motive, ab ca. € 30, apeltstoffe-shop.de

OUTDOOR-STOFFE

Hochwertige Outdoortextilien sind hart im Nehmen: Sie sind wasserfest, lichtecht und mit Fleckenschutz ausgerüstet. Aber: Wer nicht auf tau- oder regennassen Polstern sitzen will, bewahrt sie nachts lieber drinnen auf.

MARITIM
Karaffe oder Vase – in jedem Fall ein sommerlicher Hingucker ist „Fish&Fish, versch. Wasserfarben, 1 l, je ca. € 35, von Serax, www.ambiendo.de

GRUSS VON DER NORDSEE
Strandkorb für den Garten mit verstellbarer Rückenlehne, ausziehbaren Fußstützen, Klapptischen und vier Seitentaschen, B 120 x H 160 x T 80 cm, € 419, www.depot-online.de

LICHTBLICK
Outdoor-Kerzen „Finca Mia“ in wiederverwendbaren Steingussschalen. Extrastarker Docht, Rapswachs, Ø 19, 25, 31 cm, ca. € 67, 83, 100, engels-kerzen-shop.de

ALLES IM KASTEN
Für Blumentöpfe oder als Outdoor-Bar: „Plant Box" aus pulverbeschichtetem Metall, diverse moderne Farben, hier in „Bright Blue", B 60 x H 65 x T 25 cm, € 239, fermliving.de

LIEGEWIESE
Sitzlandschaft „Bailandoo" in warmen Naturtönen, Alu-Sockelrahmen, Outdoor-Sitz- und -Rückenkissen können individuell zusammengestellt werden, 296 x 196 cm, ca. € 6000, www.schillig.de

So wird's draußen elegant

TONTRÄGER
Farbige Gläser sind wieder Trend: Sektschale „Like Sage", Weinglas „Like Clay", versch. Naturtöne, 2er-Set je ca. € 27, www.villeroy-boch.de

FOLGSAM
Lieber in den Schatten? Dank Griff ist „Eyelet" leicht zu transportieren. Pulverbeschichteter Stahl in Dunkelgrün, ab Ø 45 cm, ab € 115, von Houe, www.design-bestseller.de

KLAPPT DOCH!
„Balcony II" hat einen Stuhlrücken aus angenehm luftigem Mesh-Gewebe. Stahlrohr, Farbe „Canyon", ca. € 70, www.lafuma-moebel.de

KOMFORTABEL
Sofa oder Liege ist „Daybed L" dank loser Anlehndreiecke. Lattenrost und Fiberglasstäbe für dynamisches Sitzen, wasser- und lichtfester Bezug in vielen Farben, inkl. Tabletttisch, 110 x 200 cm, € 2905, www.ikono-shop.de

DIE HABEN EINEN VOGEL
Handgeschnitzt und -bemalt sind die Ente vom Flaschenverschluss und der Kakadu des Küchenrollenhalters, € 13,50 und 29,50, www.wildlifegarden.com

Fotos: Steffen Truetschler, Wildlife Garden AB

HARMONIELEHRE

Wählen Sie eine einheitliche Farbwelt für Ihr Open-Air-Zimmer: für einen grünen Garten etwa warme mediterrane Töne, für einen blühenden vielleicht leuchtende Farben oder ein maritimes Thema?

UNTER DER HAUBE
Kuchen, Käse & Co sind unter Glasglocken sicher vor Bienen und Wespen. Tortenplatten „Ciao" mit und ohne Fuß, ab ca. € 20, Glocken „Cupola", ab ca. € 40, www.leonardo.de

Stimmungsvoll in die Nacht

Auch an langen Sommerabenden braucht es irgendwann Licht, aber sanftes – zum Beispiel von Tischleuchten und Windlichtern wie diesen

BAUCHIG
Die Edelstahllamellen von Laterne „Helen" spielen mit Licht und Schatten. Farbe Taupe (l.), Salbei und Zimt, H 24 und 35 cm, ca. € 135 und € 194, www.lambert-home.de

GRIFFIG
Stilvolles Windlicht „Acorn" aus mundgeblasenem Glas und pulverbeschichtetem Stahl, Farbe Stone (l.) oder Mint, H 20 cm, je ca. € 90, www.evasolo.com

FARBENFROH
Tischleuchte „Seoul 2.0" hält bis zu 24 Stunden. LED, Akkubetrieb, dimmbar, H 20 cm, € 129, www.villeroy-boch.de

LICHTBLICKE

Windlichter und Laternen platziert man am besten am Boden und setzt mit ihnen Terrasse und Garten in Szene. Praktisch sind die neuen LED-Leuchten mit Akkubetrieb. Sie haben eine hohe Lichtausbeute, sind meist dimmbar und leuchten ohne lästige Kabel den ganzen Abend, wo immer sie gebraucht werden.

FOTOS: Michael Ricks (2), Saramagni

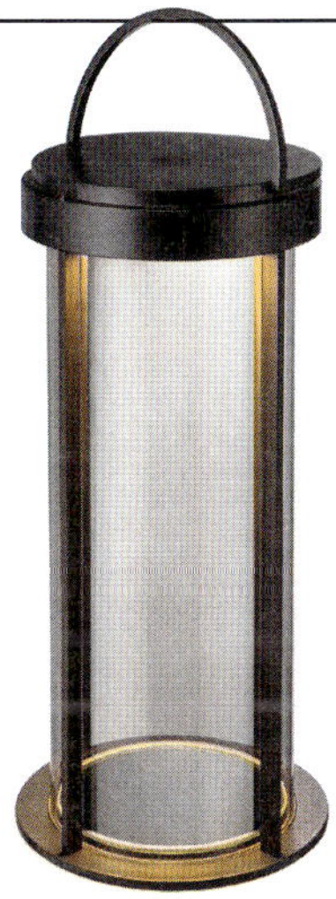

ZYLINDRSICH
Die mobile LED-Leuchte „Mituro“ mit drei Lichtintensitätsstufen sorgt für atmosphärisches Licht auf Balkon und Terrasse. In zwei Größen, z. B. S, H 35 x Ø 17 cm, € 199. www.blomus.com

FUNKELND
„Lantern“ bricht das Licht wie ein Edelstahl. Gegossenes Acrylglas, LED, aufladbar, H 31 cm, € 256, www.kartell.com

FLEXIBEL
Dank Haken, abnehmbarem Fuß und beweglichem Schirm kann man die Aluleuchte „Hook“ hängend oder stehend einsetzen. Akku, H 36 cm, € 129, design.sompex.de

Snacks to go

Kleinigkeiten mit großem Geschmack: Ob Tortilla, Burrito, Pita-Fladen, Tramezzini oder würzige Muffins – diese Snacks kommen beim Picknick in jeder Hinsicht gut an

Fotos: JANNE PETERS *Foodstyling:* ADAM KOOR *Styling:* MARIA GROSSMANN

Kartoffel-Basilikum-Tortilla mit Chorizo, Tomaten

Rezept auf Seite 135

Burrito mit Ananas-Tomaten-Salsa und Putenschinken

Rezept auf Seite 135

Gegrillte Pita-Fladen mit Oliventapenade und Artischocken

Rezept auf Seite 136

Röllchen von Parmaschinken, grünem Spargel und Honigmelone in Estragon-Minz-Marinade

Rezept auf Seite 136

Würzige Nudel-Muffins mit Mozzarella und Tomate

Rezept auf Seite 137

Saltimbocca-Sandwich mit Spinatsalat

Rezept auf Seite 137

Gebratene Balsamico-Champignons mit Pesto-Frischkäse-Füllung

FÜR 4 PORTIONEN
16 mittelgroße Champignons
3 EL Olivenöl
75 ml Aceto Balsamico
50 g Butter
8–10 Stiele Basilikum
250 g Ricotta
3 EL geröstete Pinienkerne
50 g frisch geriebener Parmesan
1–2 EL Semmelbrösel
Salz, Pfeffer

ZUBEREITUNGSZEIT
ca. 30 Min.

SCHWIERIGKEIT
●○○

1 Pilze kurz waschen und trocken tupfen. Stiele herausdrehen. Olivenöl in einer Pfanne erhitzen, Pilze darin ca. 2 Min. braten. Dann mit Balsamicoessig ablöschen. Alles kurz durchschwenken, dann die Pfanne vom Herd nehmen, Butter unterrühren. Pilze mit der Balsamico-Butter und der Öffnung nach oben auf eine Platte oder in eine Transportbox verteilen und leicht abkühlen lassen.

2 Inzwischen Basilikum waschen, trocken schütteln, Blätter abzupfen, mit Ricotta und Pinienkernen im Mixer oder mit dem Stabmixer fein pürieren. Geriebenen Parmesan und Semmelbrösel unter die Basilikum-Ricotta-Creme rühren und mit Salz und Pfeffer abschmecken.

3 Creme in einen Spritzbeutel umfüllen und in die Champignonköpfe spritzen. Nach Belieben mit zarten Basilikumblättern garnieren.

Tramezzini mit Räucherlachs, Gurke und Avocado-Wasabi-Creme

FÜR 4 PORTIONEN
1 Salatgurke
1 reife Avocado
Saft von ½ Limette
75 g Creme fraîche
2–3 TL Wasabipaste oder Meerrettich (Glas)
Salz, Zucker
4 Tramezzini-oder 6 Sandwichbrotscheiben ohne Rinde
250 g Räucherlachs in dünnen Scheiben

ZUBEREITUNGSZEIT
ca. 25 Min.

SCHWIERIGKEIT
●○○

1 Gurke waschen und in dünne Scheiben schneiden oder hobeln.

2 Avocado halbieren, Kern entfernen. Fruchtfleisch mit einem Löffel aus den Schalen lösen. Mit Limettensaft, Creme fraîche und Wasabi in einem hohen Becher kurz mit dem Stabmixer pürieren und mit Salz und etwas Zucker würzen.

3 Die Hälfte der Brotscheiben dick und gleichmäßig mit Avocado-Wasabi-Creme bestreichen. Darauf zunächst die Gurken-, dann die Räucherlachsscheiben legen. Alles mit den restlichen Brotscheiben bedecken und etwas andrücken. Tramezzini quer in ca. 4 cm breite Streifen schneiden.

Kartoffel-Basilikum-Tortilla mit Chorizo und Tomaten

FÜR 4–6 PORTIONEN

500 g mittelgroße fest kochende Kartoffeln
1 Zwiebel
2 Knoblauchzehen
150 g Chorizowurst
1 Bund Basilikum
5 Eier
75 ml Sahne
Salz, Cayennepfeffer
150 g getrocknete, in Öl eingelegte Tomaten
2–3 EL Butterschmalz

ZUBEREITUNGSZEIT
ca. 45 Min. + 20 Min. backen

SCHWIERIGKEIT
●○○

1 Kartoffeln mit Schale in kochendem Salzwasser ca. 25 Min. vorgaren. Anschließend pellen, vollständig auskühlen lassen und in ca. 1,5 cm große Würfel schneiden.

2 Inzwischen Zwiebel und Knoblauch schälen und fein würfeln. Chorizo pellen, und in Würfel schneiden. Basilikum waschen, trocken schütteln, Blätter abzupfen. Mit gehacktem Knoblauch, Eier und Sahne in einem hohen Becher mit dem Stabmixer pürieren und mit Salz, Pfeffer kräftig würzen. Getrocknete Tomaten abtropfen lassen und würfeln.

3 Backofen auf 200 °C Umluft vorheizen. Kartoffeln in heißem Butterschmalz in einer beschichteten Pfanne mit ca. Ø 22 cm unter gelegentlichem Wenden ca. 5 Min. braten. Dann die Zwiebeln hinzufügen und weitere 3 Min. mitbraten.

4 Chorizo und Tomaten unter die Kartoffelmischung heben. Eier-Basilikum-Mix darübergießen. Ca. 3 Min. auf dem heißen Herd stehen lassen, dann in die Mitte des heißen Ofens stellen und in ca. 15–20 Min. goldbraun backen. Danach die Tortilla auf ein Brett stürzen, vollständig abkühlen lassen und mit einem Sägemesser in Stücke schneiden.

MEIN TIPP:

„Für den Transport die Tortillawürfel in eine Frischhaltebox schichten, die Schichten mit Wachs- oder Backpapier trennen.“

Burrito mit Ananas-Tomaten-Salsa und Putenschinken

FÜR CA. 6–8 BURRITOS

1 Baby-Ananas
1 rote Zwiebel
2 Knoblauchzehen
1 rote Chilischote
2 EL Olivenöl
1 EL brauner Zucker
1 EL Tomatenmark
2 EL Balsamico bianco
250 g passierte Tomaten
Salz, Pfeffer
1 Romanasalat
4 reife Strauchtomaten
6–8 Tortillateigfladen
ca. 250 g dünne Putenschinkenscheiben

ZUBEREITUNGSZEIT
ca. 40 Min.

SCHWIERIGKEIT
●○○

1 Ananas schälen und vierteln. Strunk entfernen, Ananasviertel klein würfeln. Zwiebel und Knoblauch schälen und fein würfeln. Chilischote längs halbieren, entkernen und fein hacken.

2 Alles zusammen in einem breiten Topf in heißem Olivenöl anschwitzen. Mit Zucker bestreuen und karamellisieren lassen. Danach das Tomatenmark unterrühren, mit Essig ablöschen und die passierten Tomaten hinzufügen. Salsa bei schwacher bis mittlerer Hitze ca. 10 Min. leise köcheln lassen. Dabei gelegentlich umrühren und kräftig mit Salz, Pfeffer abschmecken.

3 Inzwischen Backofen auf 100 °C vorheizen. Romanasalat putzen, waschen und trocken schleudern. Tomaten waschen, trocken tupfen, vierteln und von Stielansätzen und Samen befreien. Viertel klein würfeln und unter die noch warme Ananas-Salsa mischen. Abkühlen lassen.

4 Die Teigfladen im 100 °C heißen Ofen in ca. 8–10 Min. erwärmen. Romanasalat quer in Streifen schneiden. Schinkenscheiben halbieren. Ananas-Tomaten-Salsa auf die Fladen streichen. Schinken und Salat länglich in die Mitte der Teigfladen verteilen und einrollen. Vor Ort ggf. in Stücke schneiden.

Gegrillte Pita-Fladen mit Oliventapenade und Artischocken

FÜR CA. 4 PORTIONEN

1 rote Zwiebel
2 Knoblauchzehen
ca. 20 Kirschtomaten
ca. 50 g Rucolasalat
6 EL Olivenöl
330 g Artischockenherzen (Glas)
Salz
Chiliflocken
1 EL Honig
3 EL Balsamico bianco
4 Pita-Brote
6 EL Oliventapenade (Glas)

ZUBEREITUNGSZEIT
ca. 25 Min.

SCHWIERIGKEIT
● ○ ○

1 Zwiebel und Knoblauch schälen und in Streifen schneiden. Kirschtomaten waschen, trocken tupfen und je nach Größe halbieren. Artischockenherzen gut abtropfen lassen und in Scheiben schneiden. Rucola putzen, waschen und trocken schleudern.

2 3 EL Olivenöl erhitzen, Zwiebeln und Knoblauch darin glasig anschwitzen. Artischocken und Tomaten dazugeben und ca. 2 Min. mitbraten. Mit Salz, Pfeffer und Chili würzen. Honig unterrühren, alles mit Essig ablöschen, die Mischung vom Herd nehmen.

3 Die Pita-Brote beidseitig mit restlichem Olivenöl einstreichen und auf einem heißen Grill oder in einer Grillpfanne jeweils 1-2 Min. rösten. Dann die Brote seitlich tief einschneiden, öffnen und innen dünn mit Oliventapenade bestreichen. Artischocken-Tomaten-Ragout und Rucola in die Fladen verteilen.

Röllchen von Parmaschinken, grünem Spargel und Honigmelone

FÜR 4 PORTIONEN

6 Stangen grüner Spargel
4–5 EL Olivenöl
½ reife Cantaloupe-Melone
12 dünne Parmaschinkenscheiben
je 2 Zweige Minze und Estragon
2 TL Honig
Saft und Schalenabrieb von 1 Bio-Limette
Salz, Pfeffer

ZUBEREITUNGSZEIT
ca. 25 Min.

SCHWIERIGKEIT
● ○ ○

1 Spargel schälen, holzige Enden abschneiden. Spargel zunächst quer und dann nochmals längs halbieren. Stücke in 1 EL heißem Olivenöl rundum ca. 3–4 Min. braten.

2 Melone schälen, Kerne mit einem Löffel entfernen. Melone in ca. 1 cm dicke und 6–8 cm lange Stifte schneiden.

3 Minze und Estragon waschen, trocken schütteln, Blätter abzupfen, fein hacken und mit restlichem Olivenöl, Honig und Limettensaft und -schale verquirlen. Melonen- und Spargelstifte darin marinieren.

4 Schinkenscheiben halbieren. Je 2–3 marinierte Spargel- und Melonenstifte auf jeweils eine Parmaschinkenscheibe legen und darin einwickeln. Röllchen nebeneinander auf eine Platte legen. Restliche Marinade über die Röllchen träufeln, alles mit Salz, Pfeffer würzen.

MEIN TIPP:

„Spargel plus Melone und den Schinken separat verpacken und erst vor Ort zusammenfügen. Statt Melone schmeckt auch Nektarine.“

Würzige Nudel-Muffins mit Mozzarella und Tomate

FÜR 12 MUFFINS

1 Schalotte
2 Knoblauchzehen
4–5 EL Olivenöl
200 g Tomatenpüree (Glas oder Dose)
2 TL Tomatenmark
2 EL Ajvar
2 EL getrockneter Oregano
Salz, Pfeffer
300 g Tagliatelle
4 Eier
150 g Mozzarella
12 reife Kirschtomaten mit Strunk
Meersalz, schwarzer Pfeffer aus der Mühle
brauner Zucker
Basilikum zum Garnieren

ZUBEREITUNGSZEIT
ca. 40 Min. + ca. 30-35 Min. backen

SCHWIERIGKEIT
●○○

1 Schalotte und Knoblauch schälen, fein würfeln und in 1 EL heißem Olivenöl anschwitzen. Tomatenpüree, -mark, Ajvar und Oregano hinzufügen. Hitze reduzieren und die Sauce ca. 6-8 Min. leise köcheln lassen. Anschließend alles mit einem Stabmixer pürieren und mit Salz, Pfeffer kräftig würzen. Sauce abkühlen lassen.

2 Inzwischen Papierförmchen in die Vertiefungen eines Muffinblechs verteilen. Pasta in reichlich kochendem Salzwasser bissfest garen, anschließend abseihen, kalt abschrecken und zu Nestern aufrollen.

3 Backofen auf 180 °C vorheizen. Eier unter die abgekühlte Tomatensauce mixen. Etwas Guss in die Papierförmchen verteilen. Darauf die Nudelnester setzen und den restlichen Tomatenguss gleichmäßig darübergießen. Mozzarella klein würfeln und darüber verteilen. Kirschtomaten waschen, Strunk nicht entfernen. In jedes Nest in die Mitte jeweils eine Kirschtomate mit Strunk nach oben setzen. Alles großzügig mit restlichem Olivenöl beträufeln und mit Meersalz, Pfeffer und braunem Zucker würzen.

4 Muffinbackblech auf der mittleren Schiene des heißen Ofens ca. 30-35 Min. backen. Fertige Nudelmuffins aus den Vertiefungen lösen und nach Belieben mit Basilikum garnieren.

Saltimbocca-Sandwich mit Spinatsalat

FÜR 4 PORTIONEN

2 Hähnchenbrustfilet à 150 g
4 dünne Parmaschinkenscheiben
8 Salbeiblätter
5 EL Olivenöl
Salz, Pfeffer
50 g Babyspinat
1 Chiabattabrot (300 g)
2 EL Pesto rosso
100 g Schmand
2 EL Parmesanspäne (ca. 30 g)

ZUBEREITUNGSZEIT
ca. 35 Min.

SCHWIERIGKEIT
●○○

1 Hähnchenbrustfilets erst waagerecht, dann quer halbieren. Filetstücke zwischen Klarsichtfolie legen, mit einem schweren Topfboden flach klopfen. Schinken halbieren. Jedes Filetstück mit einer halben Schinkenscheibe und einem Salbeiblatt belegen, einwickeln und in 2 EL heißem Olivenöl von jeder Seite bei mittlerer Hitze 2–3 Minuten braten, salzen und pfeffern. Zugedeckt beiseitestellen.

2 Spinatsalat putzen, waschen und trocken schleudern.

3 Chiabatta waagerecht halbieren, dann in 4 Stücke schneiden. Die Schnittflächen mit Öl einpinseln, mit der Schnittfläche nach unten in einer heißen Pfanne rösten. Rotes Pesto mit Schmand verrühren, abschmecken. Die Brotunterseiten mit etwas Spinatsalat belegen, je 2 Stücke Hähnchen darauflegen und jeweils 1-2 Kleckse Schmand daraufgeben. Mit Parmesanspänen bestreuen.

MEIN TIPP:

„Zum Mitnehmen kann man die Sandwiches auch in Bienenwachs- oder Backpapier wickeln – und später sauber aus der Hand essen!“

TISCHLEIN, DECK DICH
Weiche Matratzen, Kissen und Decken machen es uns auf dem Rasen bequem. Alles IB Laursen, z. B. Matratze, € 129, www.skandeko.de

Open Air genießen

In freier Natur schmeckt es nochmal so gut. Vor allem, wenn man fürs Picknick bestens gerüstet ist – wie mit diesem hochwertigen und langlebigen Zubehör

BRUCHSICHER
„Superglas“ hält ewig und besonders kühl. 100 % recycelbarer, nachhaltig prodzierter Kunststoff, 2er-Set ca. € 20, www. koziol-shop.de

BUNT UND LEICHT
Das Melamin-Geschirr „Wave“ ist mit regenerativer Energie und z. T. aus recyceltem Kunststoff hergestellt. Tasse ab € 5, www.mepal.com

FEIN AUCH IM FREIEN
Die Porzellanschüssel hält absolut dicht dank Silikonring am Deckel, der gleichzeitig Teller ist. Ein Gummiband macht sie zudem transporttauglich. „Modern Dining To Go“, ca. € 35, www.villeroy-boch.de

FACHMANN
Edelstahlbox „Boxit" mit mit Klammer und Fächern für Toppings oder Dressing 17 x 23 cm, ca. € 50, House Doctor über www.2raumstil.de

SCHATTENSPENDER
Mit seinem Erdspieß kann Sonnenschirm „Umbra" überall seinen Dienst tun. Ø 200 cm, ca. € 195, House Doctor, www.car-moebel.de

TASCHENMESSER
Beutel „The Savage Knife Pouch" zum Einrollen aus Büffelleder, ca. € 100, www.brickwallsand barricades.com

RASTPLATZ
Niedriger Strandstuhl „CB" mit praktischem Trageriemen, ca. € 28, www. lafuma-moebel.de

STILECHT MIT KORB
„Oxford" mit Besteck, Gläsern und Tellern für drei und praktischer Kühlbox. Aus Weide, 43 x 27 x 46 cm, ca. € 225, hoff-shop.de

TÄUSCHEND ECHT
Sieht aus wie ländliche Keramik, ist aber robustes Melamin! Speiseteller, Ø 28 cm, € 14, www.aubainmarie.com

Fotos: Sebastien Sassoulas, Henk van der Stou, Matthias Wenger

Auf die leichte Art

Wenn die Temperaturen in die Höhe klettern, sind Erfrischungen gefragt, die beflügeln, nicht beschweren. Fünf köstliche Cocktails ohne Alkohol

Foto:
JAN C. BRETTSCHNEIDER

Moroccan Ice Tea

FÜR 1 LONGDRINKGLAS (CA. 300 ML)
1 EL frische Minzeblätter,
10 ml Pfefferminzsirup
100 ml kalter schwarzer Tee
100 ml kalter Nanaminzetee (lose oder Beutel)
Eiswürfel
1 Minzezweig, ggf. grüne Fruchtgummischlangen als Garnitur

ZUBEREITUNGSZEIT
5 Min. + Kühlzeiten für die Tees

SCHWIERIGKEIT
●○○

1 Minzeblätter zerstoßen. Mit Sirup, schwarzem und Nanaminzetee in einen Shaker geben. Gut und lange schütteln. Durch ein Sieb in ein mit Eiswürfeln gefülltes Longdrinkglas geben.

2 Anrichten: Nach Belieben mit Minzezweig und Fruchtgummi garnieren. Nach Wunsch kann man das Aroma mit einigen Tropfen Minzsirup intensivieren.

Home-made Ginger Ale

1 Ingwer-, Zitronen- und Limettensaft mit Barsirup und Angostura Bitter in einen Shaker geben. Kräftig schütteln. Große Longdrinkgläser (ca. 300 ml) mit Crushed Ice füllen. Je 60 ml des Ginger-Ale-Mix darübergeben. Mit Mineralwasser auffüllen.

2 Anrichten: Mit frisch geriebener Muskatnuss abschmecken, mit Limettenscheiben und Orangenschale dekorieren.

FÜR 4 GLÄSER:
70 ml Ingwersaft
50 ml Zitronensaft
15 ml Limettensaft (ca. 1 EL)
150 ml „Rock Candy Syrup" (Barsirup mit einem Hauch Vanille, ersatzweise Vanille-Barsirup)
1 Spritzer Angostura Bitter
Crushed Ice
Mineralwasser
frisch geriebene Muskatnuss
Biolimettenscheiben und spiralförmig geschnittene Bio-Orangenschale als Garnitur

ZUBEREITUNGSZEIT
10 Min.

SCHWIERIGKEIT
●○○

Maracuja-Tee

FÜR 1 LONGDRINKGLAS (CA. 300 ML):
1 Maracuja
30 ml Ananassaft
180 ml kalter, starker schwarzer Tee
Crushed Ice
1 Minzezweig
Ananasstückchen
Maracujasirup nach Belieben

ZUBEREITUNGSZEIT
5 Min. + Kühlzeit für den Tee

SCHWIERIGKEIT
● ○ ○

1 Maracuja teilen, eine Häfte auf der Zitruspresse auspressen, die andere in Scheiben schneiden. Maracujasaft mit Ananassaft und schwarzem Tee in einen Shaker geben. Kräftig schütteln. In ein mit Crushed Ice gefülltes Longdrinkglas geben.

2 Anrichten: Mit Minzezweig, 1 Maracujascheibe und Ananasstückchen garnieren. Auf Wunsch mit Maracujasirup abschmecken.

Kiwimanscharo

FÜR 1 LONGDRINKGLAS (CA. 300 ML)
1 Kiwi
10 ml Läuterzucker (Wasser und Zucker im Verhältnis 1:1 aufkochen)
140 ml kalter, starker schwarzer Tee,
Crushed Ice,
ggf. grünes Fruchtgummi als Garnitur

ZUBEREITUNGSZEIT
5 Min. + Kühlzeit für den Tee

SCHWIERIGKEIT
● ○ ○

1 Kiwi schälen, 1 Scheibe für die Garnitur beiseitelegen. Rest pürieren. 60 ml Kiwipüree mit Läuterzucker und schwarzem Tee in einen Shaker geben. Gut schütteln. Durch ein Sieb in ein mit Crushed Ice gefülltes Longdrinkglas geben.

2 Anrichten: Mit Kiwischeibe und nach Belieben mit Fruchtgummi garnieren.

Eistee le Gourmet

FÜR 1 LONGDRINKGLAS (CA. 300 ML)
9 Himbeeren
3–4 Basilikumblätter
10 ml Läuterzucker (Wasser und Zucker im Verhältnis 1:1 aufkochen)
20 ml Limettensaft
140 ml kalter „Raspberry Royale Tea" von Bigelow (übers Internet, alternativ guter Waldfrüchte- oder Himbeertee),
Eiswürfel
Basilikumblätter als Garnitur

ZUBEREITUNGSZEIT
5 Min. + Kühlzeit für den Tee

SCHWIERIGKEIT
● ○ ○

1 6 Himbeeren und Basilikumblätter in einem Glas oder Mörser mit einem Stößel zerdrücken. Mit Läuterzucker, Limettensaft und Himbeertee in einen Shaker geben. Lange und kräftig schütteln. Durch ein Sieb in ein mit Eis gefülltes Longdrinkglas geben.

2 Anrichten: Mit Basilikumblatt und den restlichen 3 Himbeeren garnieren.

DER
FEINSCHMECKER-SHOP

EXQUISITE PRODUKTE FÜR SIE AUSGEWÄHLT

Johann Lafer BBQ Schmortopf Maxi.

Der Schmortopf Maxi mit Deckel (auch Dutch Oven) eignet sich zum Zubereiten von Schmorfleisch, wie z. B. pulled pork, aber auch für Chili, Gulasch, Suppen, Saucen oder Glühwein. Der handgefertigte Topf aus Westerwälder Naturton ist bis über 900 Grad feuerfest.

Ø 32 cm, 16,3 cm, Keramik, feuer- und spülmaschinenfest, handgefertigt in Deutschland.

Art. Nr.: 1367480 | 84,95 €

Johann Lafer BBQ Grillschale Maxi.

Die Grillschale passt auf alle handelsüblichen Grills und hat einen extra-breiten Griff für ein sicheres Handling. Das Material ist schnitt- und kratzfest; auch Edelstahlschwämme machen ihm nichts aus.

36,5 × 23 × 6,7 cm, Keramik, feuer- und spülmaschinenfest, handgefertigt in Deutschland.

Art. Nr.: 1367471 | 49,95 €

Diamantschleifer für Messer.

Von Sternekoch Johann Lafer empfohlen! Der Diamantschleifer aus hochwertigem Edelstahl von der Firma Seecode ist ein hochpräzises Werkzeug, das unglaublich leicht zu bedienen ist.

Art. Nr.: 1366092

3,8 × 3,8 × 9,3 cm, Edelstahl, Kunststoff, 400er Diamantkörnung, Schleifwinkel 15.

89,00 €

Johann Lafer 5-in-1 Grillzange.

Das Multitalent aus massivem Edelstahl ist Wender, Heber, Messer, Gabel und Flaschenöffner zugleich. Mittels intelligentem Federmechanismus lassen sich beide Arme voneinander trennen.

Art. Nr.: 1366041

41 × 6,5 × 9,5 cm, Edelstahl, hergestellt in Deutschland.

69,90 €

Johann Lafer Handtücher 3er-Set.

Klassisch schön sind diese hochwertigen Küchenhandtücher aus reiner Baumwolle.

Art. Nr.: 1366084

3 Handtücher à 70 × 50 cm, Baumwolle.

19,90 €

Öko-Kontrollstellencode: DE-ÖKO 034

Alle Preise inkl. MwSt. und zzgl. Versandkosten

Smartes, modernes Design

Johann Lafer Gourmet-Topfset, 4 Teile.

Johann Lafers Gourmet-Topfset überzeugt mit modernem Design und smarten technischen Lösungen. Es hat ein nachhaltiges Akkutherm-Speichersystem vom Boden bis zum Topfrand: Die Töpfe leiten und speichern Energie schnell und lang. Sie haben ein integriertes Öl-Dosiersystem, eine Volumenskala, und sind optimal für wasserarmes und vitaminschonendes Garen geeignet – und der Dampf entweicht gezielt ohne Erhitzen der Griffe. Das Set ist angenehm in der Handhabung durch Edelstahlguss-Beschlagteile mit hitzeisolierendem Kunststoff. Es ist für den Einsatz auf allen Herdtypen, inklusive Induktion, geeignet und kann problemlos in der Spülmaschine gewaschen werden. Im Set enthalten: 2 Fleischtöpfe (Ø 20 cm und Ø 24), eine Stielsauteuse (Ø 20cm) sowie eine Antihaft-Bratpfanne (Ø 28cm).

Art. Nr.: 1366068

2 Fleischtöpfe (Ø 20 cm, 3 l, Ø 24, 5,5 l), Sauteuse Ø 20 cm, 1,5 l, Bratpfanne Ø 28 cm, Edelstahl, Aluminium, backofen- und spülmaschinenfest.

229,00 €

Der große Lafer. Die Kunst der einfachen Küche.

Johann Lafer präsentiert hier die Rezepte, die er liebt. In 60 Kapiteln werden ausgewählte Klassiker Schritt für Schritt vorgestellt. Darauf folgen über 300 raffinierte Varianten, vom Starkoch mit genialem Gespür für Geschmack entwickelt. Ein Buch für Genießer, für Anfänger wie Fortgeschrittene, die Johann Lafer in die hohe Kunst der einfachen Küche einführt.

Art. Nr.: 1274155

24 × 30, cm, 480 S., zahlr. Abb., geb.

49,00 €

K.GIN Kräuter Dry Gin.

Der K.Gin mit vielfältigem Kräutergeschmack ist eine Kreation des Sterne-Kochs Johann Lafer und der bekannten Feinbrennerei Lantenhammer. Nach der Destillation reift der Dry Gin in Weinfässern und überzeugt mit bernsteinfarbener Optik und viel Aromatik: mit 12 Botanicals, darunter Orangen- und Zitronenthymian, Süßkraut und Wacholder. Einen exotischen Moment erhält der K.GIN durch Gewürze wie Urwaldpfeffer und Süßkraut.

(79,80 Euro/Liter). 500 ml, 40 % Vol.

Art. Nr.: 1367803 | 39,90 €

Ihre Bestellmöglichkeiten:

Jetzt einfach und schnell online bestellen, indem Sie diesen **QR-Code einscannen.**

Das ganze Sortiment auf:
www.der-feinschmecker-shop.de

24 Stunden Bestellannahme
Telefon: 030 / 469 06 20 | Fax: 030 / 465 10 03

Zu schön, um rar zu sein

Mit besonders hochwertigen Messern hat sich der Steirer Christoph Feichtl bis nach Südkorea und die USA einen Namen gemacht. Ein Besuch mit Kurs in seiner Messerschmiede im Vulkan- und Thermenland

Text
ALEXANDRA KILIAN

Fotos:
GÜNTER STANDL

SCHLAGFERTIG
Abwechselnd schmieden Johann Lafer und Schmied Christoph Feichtl den Messerrohling, solange er heiß ist – nämlich ganze 1100 Grad

KALDERUM

GLÜHENDE LEIDENSCHAFT
Einer der wenigen hauptberuflichen Messerschmiede ist der 32-jährige Christoph Feichtl, der sich sein Handwerk selbst beibrachte. „Echte Schmiederomantik", ruft Johann Lafer spontan beim Anblick der Burgschmiede in der neunhundert Jahre alten Festung aus

D

Durch eine kleine Luke im Holztor klettert Christoph Feichtl, um seinen Gast hereinzubitten. Es ist der Hintereingang der Riegersburg, hier parkt der Schmied, um fern der Touristenmengen in sein Gewölbe zu gelangen. Mit einem festen Händedruck begrüßt er Johann Lafer, gemeinsam steigen sie wieder durch die Luke und betreten kurz darauf ein kleines, abseits liegendes Nebengebäude der neunhundert Jahre alten Festung. Große Maschinen stehen dort, Lufthammer, Presse, Schleifen und Amboss zwischen Regalen voll unterschiedlich langer und dicker Stahlschnitte, alten Öfen, Hobelbänken voll Werkzeug und Tischen mit verschieden großen und schwarzsilber schimmernden Messerunikaten. „Wow, schau mal, das ist noch echte Schmiederomantik", sagt Johann, läuft von Gerät zu Gerät, nimmt einzelne Exemplare in die Hand. „Die sind doch einfach zu schön", sagt er und strahlt seinen Lehrmeister an.

Christoph Feichtl arbeitet seit zehn Jahren selbstständig als Messerschmied in der Burgschmiede der Riegersburg im Vulkan- und Thermenland Steiermark. Eine Seltenheit, es gibt kaum hauptberufliche Messerschmiede. Angefangen hat er schon vor und während seines Studiums der Ernährungspädagogik in Graz, mit einem Amboss auf der Wiese. Das Schmieden fasziniert den gebürtigen Steirer seit seiner Kindheit. Und da es kein offizieller Lehrberuf ist, hat er sich jeden Schritt des Messerschmiedehandwerks selbst beigebracht. Mit Büchern und Üben und Ausprobieren, wie er sagt. Mittlerweile ist das Team des 32-Jährigen auf fünf weitere Personen herangewachsen, er verkauft seine Messer nach Deutschland, Portugal, Russland oder in die USA, für vierstellige Summen, und zu seinen Schmiedekursen kommen die Besucher teils sogar aus Südkorea angeflogen. 15 Kilometer von hier hat er gerade einen Bauernhof erstanden, den er nun kernsaniert und der ab September sowohl sein Zuhause als auch der Standort seiner „Kalderum"-Messerschmiede sein soll. Der Firmenname ist abgeleitet von der vulkanischen Caldera, die für seinen Ursprung im vulkanischen Südosten der Steiermark steht. Auf der Riegersburg ist Johann Lafer heute Christoph Feichtls letzter Gast.

„Gehen wir's an, oder?", sagt er zu Johann Lafer und drückt ihm zwei lange Streifen Stahl in die Hand. An der Hebelschere zwicken sie mit einem Klacken die Streifen in sechs Zentimeter große Abschnitte, 19 sind es am Ende, die Johann aufeinanderschichtet. Christoph fixiert den entstandenen Stahlbatzen mit einer Schraubzange und schweißt ihn für den ersten Halt zusammen – sowie einen kleinen Haltegriff daran. Dann streut er Borax-Pulver, das Natriumsalz der Borsäure, auf das Stück und gibt es in den 1100 Grad heißen Ofen. „Salz beim Schmieden", sagt Johann, „das ist eine irre Geschichte." Und während das Stahlstück zehn Minuten im Ofen auf schmiedefähige Temperatur befeuert wird, erklärt Christoph ihm, dass Borax-Pulver verhindert, dass Luft zwischen die einzelnen Stahlschichten gelangt. Sonst könne sich Stahl nicht mehr mit Stahl verbinden. „Und je mehr Lagen, desto besser das Messer", weiß Johann. „Desto schöner zumindest", sagt Christoph. Für die Optik verbinde er drei bis 1000 Lagen Stahl bei seinen Messern, die Schneidequalität hänge jedoch letztlich von der Art des Stahls, seiner Legierung, wie er geschmiedet und gehärtet wurde sowie von der finalen Geometrie ab. „Wahnsinn", sagt Johann, „so was wie hier wurde früher doch nur in Japan, später dann im deutschen Raum höchstens noch in Solingen hergestellt."

Auch Johann Lafer befasst sich seit Längerem mit besonderen Messern. Als seine Mutter ihm 1973 in Graz das erste eigene Set für den Start in den Kochberuf kaufte, ist er sehr stolz darauf, wie er erzählt. Lange ist es bei ihm nur Mittel zum Zweck, bis es zur Leidenschaft wird. Heute besitzt er eine Messersammlung von rund 50 Unikaten aus aller Welt, vom nur acht Zentimeter großen Exemplar mit Lapislazuli-Griff über ein Werk vom Dresdner Weihnachtsmarkt aus verharztem Maiskolben bis zum großen Schächtmesser und einem teils selbst in Kyoto bei einem Messerschmiedekurs angefertigten Exemplar. „Die Sammlung vermache ich mal einem Museum", sagt Johann.

Und dann schmiedet er mit Hilfe von Christoph Feichtl weiter. Das Stahlstück

> „Meine Mutter hat mir meine ersten Messer geschenkt, seitdem sammle ich. 50 habe ich bereits – jetzt werden es 52 sein."
>
> *Johann Lafer*

HANDWERKSKUNST
Damaszener nennen sich Klingen, die aus mehreren, wiederholt gefalteten Lagen Stahl geschmiedet werden. Bis zu 1000 Schichten können es sein. Charakteristisch ist die Maserung.

hat im Ofen eine Temperatur von 1100 Grad Celsius erreicht. Mit Schutzbrille, Lederhandschuh und Zange holt Christoph es heraus, platziert es auf dem Amboss und schlägt mit seinem anderthalb Kilogramm schweren Hammer rhythmisch darauf ein. Immer wieder dreht und wendet er das Stück dabei mit der Zange, die er in der linken Hand hält. Auch Johann darf das im Anschluss. „Perfekt", ruft Christoph ihm zu. „Da musst du richtig heftig hämmern!", ruft Johann zurück. Rund 20 Schläge sind es, dann muss das Stück wieder kurz in den Ofen, bevor es erneut von Christoph und Johann bearbeitet wird.

Nach etlichen Wechseln zwischen Ofen und Hammerschlägen pressen sie es in der Walze lang und flach. Anschließend wird das Stück in der Mitte eingekerbt, um die eine Seite auf die andere biegen zu können. „Durch dieses Falten entstehen aus den 19 gleich 38 Lagen. Und dann 76, 152, und so fort. Und das können wir so oft machen, wie wir wollen", sagt Christoph. Sein 38-lagiges Stück legt er unter den Lufthammer, der mit einer Schlagmasse von 100 Kilogramm und dreimal pro Sekunde laut fauchend den Batzen hauchdünn schlägt. Dann werden die Seiten beschnitten und das fast fertige Messer kommt in einen anderen Ofen, wo es von 1100 auf 800 Grad schonend und im Abschluss an der Luft 24 Stunden komplett abkühlen soll.

„Das dauert nun aber zu lang, Johann", sagt Christoph. Und schlägt vor, das abschließende Schleifen und Härten der Klinge selbst zu übernehmen – morgen, wenn Johann schon wieder auf Reisen ist. „Aber nur, wenn ich einen der schon fertigen Schätze jetzt und hier kaufen kann", antwortet dieser. Und dann sucht er sich gleich zwei aus, für seine besondere Sammlung zu Hause.

L&F

KALDERUM KLINGENKUNST
Schmiedekurse für Messer, Axt oder sogar ein Schwert bietet Christoph Feichtl an, ab Herbst 2023 am neuen Standort in Rittschein, A-8280 Fürstenfeld. Seine ästhetischen Messer kann man auf www.kalderum.com erwerben.

Kokos-Zitronengras-Panna-cotta

Rezept auf 151

Süßer Showdown

Wir lassen das BBQ mit leichten Desserts ausklingen. Nachdem es heiß und würzig hergegangen ist, sind Obsttorte oder Panna cotta eine echte Erfrischung

Käse-Sahne-Torte mit Himbeeren

Rezept auf 151

Mürbeteig

FÜR CA. 500 G TEIG
150 g kalte Butter
1 Vanilleschote
300 g Mehl
75 g Puderzucker
1 Prise Salz
1 Eigelb (Größe M)

ZUBEREITUNGSZEIT
ca. 20 Min. + mind. 1 Std. kühlen

SCHWIERIGKEIT
●○○

1 Alle Zutaten abwiegen und bereitstellen. Die Butter in Würfel schneiden.

2 Die Vanilleschote längs aufschneiden und das Mark mit dem Messerrücken herauskratzen.

3 Das Mehl durch ein feines Sieb in eine große Schüssel (oder in die Schüssel der Küchenmaschine) sieben.

4 Den Puderzucker durchsieben. Mit Vanillemark, Salz und Eigelb hinzufügen.

5 Die Butter zum Mehl geben.

6 2–3 EL kaltes Wasser dazugeben und alles mit den Knethaken des Handrührgeräts (oder der Küchenmaschine) vermischen. Dann auf einer bemehlten Arbeitsfläche mit den Händen zügig zu einem glatten Teig verkneten.

7 Den Teig in Frischhaltefolie wickeln und mindestens 1 Std. in den Kühlschrank legen. Dann je nach Rezept weiterverarbeiten oder einfrieren (am besten in der Menge eines Rezepts).

Obsttorteletts

FÜR 10 TORTELETT-FÖRMCHEN À Ø 10 CM:
weiche Butter für die Förmchen
400 g Grundrezept Mürbeteig (siehe links)
getrocknete Linsen oder Bohnen zum Blindbacken

Creme und Belag:
250 ml Milch
20 g Vanillepudding-pulver zum Kochen
100 g Puderzucker
150 g griechischer Sahnejoghurt
Früchte nach Wahl (siehe Rezepte links)

Guss:
100 ml Weißwein (oder Apfelsaft)
50 g Gelierzucker 2:1

ZUBEREITUNGSZEIT
ca. 30 Min. + ca. 16–18. Min. backen + 1,5 Std. kühlen

SCHWIERIGKEIT
●○○

1 Den Backofen auf 200 °C (Umluft 180 °C) vorheizen. Die Förmchen mit Butter einfetten.

2 Den kalten Teig auf einer bemehlten Arbeitsfläche ca. 3 mm dick ausrollen, mit einem Tortelettförmchen ausstechen. Die Teigkreise in die Förmchen legen, dabei die Ränder andrücken und den Teig mit einer Gabel mehrmals einstechen. Backpapier und Hülsenfrüchte daraufgeben.

3 Die Torteletts im heißen Backofen auf der mittleren Schiene ca. 10 Min. vorbacken. Anschließend Hülsenfrüchte und Backpapier entfernen und in weiteren 6–8 Min. goldbraun backen. Herausnehmen und abkühlen lassen.

4 Für die Creme Milch, Puddingpulver und Puderzucker verrühren. Die Mischung in einem Topf unter Rühren aufkochen, dann ca. 1 Min. kochen lassen. Den Pudding in eine Schüssel füllen und den Joghurt unterrühren. Die Creme gleichmäßig in die abgekühlten Torteletts geben, glatt streichen und ca. 30 Min. kalt stellen.

5 Inzwischen die Früchte nach Wahl vorbereiten. Die Torteletts mit den Früchten belegen. Für den Guss Wein und Gelierzucker in einem Topf unter Rühren aufkochen, dann ca. 4 Min. sprudelnd kochen lassen. Sofort mit einem Löffel gleichmäßig über die Früchte träufeln. Die Törtchen ca. 1 Std. kalt stellen.

3 x anders belegt

ERDBEERTORTELETTS: 500 g kleine Erdbeeren abbrausen, putzen, trocken tupfen und halbieren. Die Erdbeerhälften auf die Creme legen, mit Guss überziehen und die Törtchen kalt stellen.

HEIDELBEERTORTELETTS: 500 g frische Heidelbeeren verlesen, abbrausen und trocken tupfen. Die Beeren auf der Creme verteilen, mit Guss überziehen und die Törtchen kalt stellen.

KIWITORTELETTS: 3 reife Kiwis schälen und in dünne Scheiben schneiden, die Scheiben halbieren und fächerartig auf der Creme verteilen.Mit Guss überziehen und die Törtchen kalt stellen.

Käse-Sahne-Torte mit Himbeeren

FÜR 1 TORTENRING VON Ø 21 CM:

Rührteig:
100 g weiche Butter
50 g Puderzucker
1 Ei (Größe M)
50 g Mehl
50 g fein gemahlene geschälte Mandeln
1 TL Backpulver
Butter für den Tortenring

Quarkcreme:
4 Blatt weiße Gelatine
1 Vanilleschote
50 ml Milch
250 g Magerquark
2 Eiweiß
1 Prise Salz
50 g Zucker
150 ml kalte Sahne

Belag:
75 g Mandelblättchen
800 g frische Himbeeren
70 g Gelierzucker 3:1

ZUBEREITUNGSZEIT
ca. 60 Min. + 20 Min. backen + 2 Std. kühlen

SCHWIERIGKEIT
●●○

1 Alle Zutaten abwiegen und bereitstellen. Die Butter in Würfel schneiden. Den Backofen auf 180 °C (Umluft 160 °C) vorheizen.

2 Butter und Puderzucker in einer Schüssel mit den Quirlen des Handrührgeräts in ca. 5 Min. schaumig schlagen.

3 Das Ei dazugeben und ca. 1 Min. unter die Buttermasse rühren, bis die Masse homogen ist.

4 Mehl, Mandeln und Backpulver hinzufügen und unter die Masse rühren.

5 Einen Bogen Backpapier auf ein ofenfestes Tortenblech legen. Einen Tortenring auf ca. Ø 21 cm einstellen, mit Butter einfetten und auf das Backpapier setzen. Den Teig in den Ring geben und glatt streichen.

6 Den Teig im heißen Ofen auf der mittleren Schiene in ca. 20 Min. goldbraun backen. Herausnehmen und im Ring vollständig auskühlen lassen.

7 Für die Creme die Gelatine in kaltem Wasser ca. 5 Min. einweichen. Die Vanilleschote längs aufschneiden und das Mark mit dem Messerrücken herauskratzen.

8 Milch und Vanillemark in einen Topf geben und erhitzen. Die Gelatine gut ausdrücken und in der heißen Milch unter Rühren auflösen.

9 Den Quark in eine Schüssel geben. Die Vanillemilch dazugießen und alles mit dem Schneebesen verrühren.

10 Eiweiße und Salz mit den Quirlen des Handrührgeräts steif schlagen, dabei nach und nach den Zucker einrieseln lassen und weiterschlagen.

11 Die Sahne in einer weiteren Schüssel halb steif schlagen.

12 Zuerst die Sahne unter den Vanillequark heben. Dann den Eischnee dazugeben und ebenfalls behutsam unter den Vanillequark heben.

13 Die Quarkcreme auf dem Tortenboden im Ring verteilen und im Kühlschrank in ca. 2 Std. fest werden lassen.

14 Mandelblättchen goldbraun rösten und abkühlen lassen. Drei Viertel der Himbeeren verlesen, ggf. abbrausen und trocken tupfen. Die Beeren dicht nebeneinander auf die Quarkcreme setzen. Übrige Himbeeren mit Gelierzucker fein pürieren.

16 Das Püree durch ein Sieb in einen Topf streichen, ca. 4 Min. sprudelnd kochen lassen, gelegentlich umrühren. Himbeergelee über die Beeren träufeln und fest werden lassen. Den Ring lösen und entfernen. Mandelblättchen an den Rand drücken.

Kokos-Zitronengras-Panna-cotta

FÜR 4 PORTIONEN
2 Stängel Zitronengras
1 Bio-Limette
400 ml Kokosmilch
2 EL Zucker
3 Blatt weiße Gelatine
2–3 EL Kokoslikör (oder Kokossirup)

ZUBEREITUNGSZEIT
ca. 25 Min. + 3–4 Std. kühlen

SCHWIERIGKEIT
●○○

1 Die Zitronengrasstängel etwas flach klopfen und in grobe Stücke schneiden. Die Limette in Scheiben schneiden. Kokosmilch mit Zitronengras, Limette und Zucker aufkochen. Bei milder Hitze 5 Min.leise kochen lassen. Dann 30 Min. ziehen lassen.

2 Die Gelatine ca. 5 Min. in kaltem Wasser einweichen. Die Kokos-Zitronengras-Milch durch ein Sieb in einen Topf gießen und nochmals kurz erwärmen. Die Gelatine gut ausdrücken und in der Milch auflösen. Kokoslikör oder -sirup unterrühren. In vier kalt ausgespülte Portionsförmchen füllen und 3–4 Std. kalt stellen.

3 Zum Stürzen die Förmchen einige Sekunden in heißes Wasser tauchen. Die Ränder mit einem dünnen Messer vorsichtig lösen und die Panna cotta auf Teller stürzen. Nach Belieben mit gerösteten Kokosspänen bestreut servieren.

SECHS FINALISTEN STRAHLEN *auf dem Gruppenbild mit der Jury (von links): Christoph Fürnschuß (Restaurant „Barreiss", Baiersbronn), Maurice Widman („Qmuh", Ulm), Simon Harrer („Bootshaus", Traunkirchen), Anne Brandes (Ameron Hotel, Hamburg), Minh Quang („Mito", Leipzig), Emilia Orth-Blau („Rosa & Blau Food", Wien).*

Bühne frei für junge Köche!

Der Next Chef Award der Gastronomie-Fachmesse Internorga ist zurück – und feiert eine Premiere: Eine Hamburgerin ist die erste Gewinnerin des beliebten Nachwuchs-Wettbewerbs

Fotos:
VOLKER RENNER

Nach dreijähriger Pause wurde auf der Fachmesse Internorga wieder der beliebte Nachwuchs-Wettbewerb Next Chef Award ausgetragen: 16 junge Köche traten in drei Live-Challenges gegeneinander an. Sechs qualifizierten sich fürs Finale, in dem ein von Johann Lafer kreiertes Gericht (Rehrücken aus dem Zitronengrasdampf mit Topinamburpüree, Enokipilz-Tempura und Soja-Sesam-Sabayon) gekocht werden musste – ohne vorher Zutaten und Rezept zu kennen. Hier waren Geschmackssinn und Handwerk gefragt. Ehemalige Preisträger, darunter die vorangegangenen Sieger

DIE JURY IM EINSATZ
Cornelia Poletto (in Blau) im Austausch mit Robin Pietsch (1). In den Challenges waren die Nachwuchsköche aufgefordert kreativ zu sein, hier eine Komposition mit Loup de Mer, Granatapfel, Schwarzwurzel und roten Zwiebeln (2). Siegerin Anne Brandes mit Next-Chef-Award-Erfinder Johann Lafer (3). Max Strohe, Johann Lafer und Thomas Rüffer (v. l.) verkosten (4)

IM RAMPENLICHT
Auch unter Beobachtung konzentriert: Christoph Fürnschuß vom Restaurant „Barreiss". Der Next Chef Award 2023 verzeichnet einen Zuschauerrekord, das Besucherinteresse war groß wie nie (5)

Kevin Gedike (2019) und Marianus von Hörsten (2018), der inzwischen erfolgreich sein Restaurant „Klinker" in Hamburg und eine Weinbar betreibt, hielten den Kandidaten den Daumen. Zur Jury gehörten die TV-Köchin Cornelia Poletto, Christoph Rüffer („Haerlin" im Hotel Vier Jahreszeiten Hamburg), Nelson Müller („Schote", Essen), Max Strohe („Tulus Lotrek", Berlin) sowie Richard Rauch vom „Steira Wirt" in Österreich.

Johann Lafer rief den Wettbewerb bereits 2016 gemeinsam mit der Internorga, der alljährlich in Hamburg stattfindenden internationalen Fachmesse für Gastronomie und Hotellerie, ins Leben. „Ich freue mich, dass wir in diesem Jahr endlich wieder durchstarten können", sagt Geschäftsbereichsleiterin der Messe Claudia Johannsen. „Schließlich rücken wir damit den Kochberuf ins verdiente Rampenlicht. Junge

WER GEWINNT?
Für jede Challenge gab es eine sechsköpfige prominente Jury (1). Gekocht wurde in vier Runden in sechs Kochkabinen, erstklassig ausgestattet von den Spezialisten MKN und Winterhalter (2). Der 2. Sieger Simon Harrer erhält von Pacojet-CSO Mario Heyninck persönlich seinen Preis (3)

SELBSTBEDIENUNG
Für die Jungköche hat der Next-Chef-Award-Partner ggmgastro einen eigenen Frischemarkt zum „Einkaufen“ eingerichtet (5). Johann Lafer, Claudia Johannsen und Hamburg-Messe-Chef Bernd Aufderheide begleiten das Event (4)

Kochtalente bekommen ihre eigene Bühne und zeigen mit Talent und Leidenschaft, wie vielseitig und interessant ihr Beruf ist.“ Moderiert wurde die Show auch dieses Jahr wieder von Johann Lafer, diesmal gemeinsam mit dem Social Podcaster und Moderator Sebastian E. Merget. „Mir ist es ein Anliegen, so viele Menschen wie möglich für unsere Branche zu mobilisieren“, so Johann Lafer. 2023 markiert auch in anderer Hinsicht eine Premiere: Gleich zwei Köchinnen waren im Finale, und am Ende überzeugte Anne Brandes vom Restaurant „Ameron“ im Hamburger Hotel Speicherstadt die Jury. Zum Preis gehört auch ein eigenes Kochbuch im Münchner Verlag Gräfe und Unzer, in dem auch die Kochbücher von Johann Lafer erscheinen. „Ich bin total glücklich“, resümiert die 26-jährige Gewinnerin. „Eine tolle Veranstaltung mit tollen Kolleginnen.“

Alle Rezepte in dieser Ausgabe

GRILLREZEPTE AUS ALLER WELT

KOCHSCHULE

KLASSISCHE DIPS

SALATE IN OSCARREIFEN NEBENROLLEN

SOMMERBOWLE

APPETIZER

SALZ UND PFEFFER AROMATISIEREN

SNACKS TO GO: PICKNICKREZEPTE

ALKOHOLFREIE COCKTAILS

LEICHTE DESSERTS

DREI SCHWIERIGKEITSGRADE

Ob Anfänger oder Könner – für jeden gibt es das richtige Rezept. Achten Sie auf diese Symbole:

LEICHT	MITTEL	ANSPRUCHSVOLL	VEGETARISCH
●○○	●●○	●●●	🌿

FOTO: Julia Hoersch

JOHANN LAFER

Das Journal für den guten Geschmack

Ausgabe 1/2023 – Erstverkaufstag dieser Ausgabe ist der 7.6.2023

Das JOHANN LAFER Journal erscheint in der Jahreszeiten Verlag GmbH, Harvestehuder Weg 42, 20149 Hamburg.
ISSN 2567-7144. Telefon: +49 (0)40/27 17-0 (Zentrale), E-Mail: redaktion@lafer-journal.de
www.jalag.de

EDITOR-AT-LARGE:
Johann Lafer

CHEFREDAKTEURIN (V.I.S.D.P.):
Deborah Middelhoff

STV. CHEFREDAKTEURIN:
Karen Hartwig

HEAD OF CREATION:
Kolja Kahle

LEITENDER REDAKTIONSMANAGER/CVD:
Bodo Drazba

MITARBEITER:
Dieter Braatz (frei), Madeleine Jakits, Kersten Wetenkamp, Peter Rensmann, Alexandra Kilian (frei), Uwe Rasche (frei), Gabriele Thal (frei),

REZEPTE:
Johann Lafer, Andreas Neubauer, Stevan Paul

LAYOUT:
Katharina Holtmann, Wibke Schaub (frei), Tanja Schmidt

BILDREDAKTION:
Antje Elmenhorst (Ltg.), Helgard Below (stv.),

HEAD OF PRODUCTION & DEVELOPMENT:
Bartosz Plaksa

VERMARKTUNG:
Jahreszeiten Verlag GmbH,
Harvestehuder Weg 42,
20149 Hamburg, www.jalag.de
Tel. +49 (0)40/27 17-0

GESCHÄFTSFÜHRUNG SALES UND CONTENT SOLUTIONS:
Arne Bergmann (verantwortlich für Anzeigen)

BRAND MANAGER:
Stefanie Biehler, Tel. +49 (0)40/2717-2563

ANZEIGENSTRUKTUR:
Christiane Sohr, Tel. +49 (0)40/27 17-2436

VERTRIEB:
DMV Der Medienvertrieb GmbH & Co. KG,
Meßberg 1, 20086 Hamburg

ABONNEMENTVERTRIEB UND ABONNENTENBETREUUNG:
DPV Deutscher Pressevertrieb GmbH,
JOHANN LAFER Journal Kundenservice,
20080 Hamburg
Tel. +49 (0)40/21 03 13 71
Fax +49 (0)40/21 03 13 72
E-Mail: leserservice-jalag@dpv.de

Der **Jahresabonnementpreis** für 4 Ausgaben beträgt bei Versand innerhalb Deutschlands € 30,00 inkl. MwSt., für Österreich € 33,20, für die Schweiz CHF 49,60, bei Versand mit Normalpost ins übrige Ausland € 27,80 inkl. Versandkosten.

Studenten, Schüler und Auszubildende zahlen gegen entsprechenden Nachweis im Inland nur € 15,00.

Bei Nichtlieferung ohne Verschulden des Verlages oder infolge von Störungen des Arbeitsfriedens bestehen keine Ansprüche an den Verlag.

JAHRES ZEITEN VERLAG
EIN UNTERNEHMEN DER GANSKE VERLAGSGRUPPE

WEITERE TITEL DES JAHRESZEITEN VERLAGS:
AW ARCHITEKTUR & WOHNEN,
DER FEINSCHMECKER, FOODIE, MERIAN,
MERIAN SCOUT, ROBB REPORT,

Eine Ausgabe verpasst?
Einzelheftbestellungen gerne an sonderversand@jalag.de, telefonisch bei unserem Info-Service unter +49 (0)40/27 17-11 10, Fax +49 (0)40/27 17-11 20
Bitte Heftnummer und Erscheinungsjahr angeben.
Preis pro Heft: € 14,90 (inkl. MwSt.).
Versand D/A/CH: € 2,00 pro Sendung,
Versand in andere Länder:
Posttarif www.dhl.de
Zahlbar erst nach Rechnungserhalt.

GESAMTVERTRIEBSLEITUNG:
Stefan Hagel

LEITUNG ABONNEMENT VERTRIEB:
Stefan Hagel

LEITUNG VERTRIEBSMARKETING:
Christa Balcke

GESCHÄFTSFÜHRUNG:
Thomas Ganske, Sebastian Ganske,
Arne Bergmann, Susan Molzow, Peter Rensmann

POSTPRODUCTION:
Rhapsody, Al. Armii Ludowej 14,
00-639 Warszawa, Polen

DRUCK:
Walstead Kraków Sp. z o. o.,
Obrońców Modlina 11,

EU Ecolabel www.ecolabel.eu
PEFC

Diese Zeitschrift ist auf PEFC-zertifiziertem Papier gedruckt. PEFC garantiert, dass ökologische, soziale und ökonomische Aspekte in der Verarbeitungskette unabhängig überwacht werden und lückenlos nachvollziehbar sind.

„Die Faszination hat mich erst recht spät gepackt!“

Besondere Erinnerungen an Grill-Erlebnisse? Johann Lafer blickt auch hier auf reichlich Erfahrung zurück

„Ich bin auf einem kleinen Bauernhof in der Oststeiermark aufgewachsen, mit Holzofen in der Küche, da war Grillen zunächst gar kein Thema. Als meine Geschwister und ich dann älter wurden und Freunde mit nach Hause brachten, grillten meine Eltern ab und zu für uns im Garten. Ich habe es aber nie gemocht – vielleicht, weil Schweinenacken und Würstchen nach verbranntem Auspuff rochen. Mein Vater nahm zum Anzünden immer Mopedbenzin und kippte den Kanister über altes Zeitungspapier und Holz, das Fleisch schmeckte wirklich fürchterlich – nach Auspuff. Mir gefiel das überhaupt nicht. Seither weiß ich: Grillen ist eine extrem sensible Geschichte – das beherrschen die wenigsten.“

„Die Faszination Grillen hat mich erst spät gepackt. 2005 war das, da sollte ich im Auftrag von Weber aus Amerika auf einer Garten- und Home-Messe in Karlsruhe grillen. Sie wollten, dass ich den Leuten zeige, was man in der Halbzeitpause der Fußballweltmeisterschaft im Garten grillen kann. Ich hatte an Saté-Spieße gedacht und die munter aufgelegt – bis die plötzlich komplett in Flammen standen! Vor rund 300 Leuten! Ich hatte nicht gewusst, dass man die Holzspieße vorher mindestens einen Tag wässern muss, wie mir der Grillmeister im Anschluss erklärte. Da war aber auch meine Neugier entfacht. Der Grillmeister hatte parallel so tolle Gerichte auf diesem großen Gasgrill zubereitet, Auberginen, gefüllte Tomaten. Als ich nach der Messe nach Hause fuhr, sagte ich als Erstes zu meiner Familie: ‚So einen Grill kaufen wir uns jetzt auch.‘ Wir besorgten ihn uns in Bad Kreuznach in einem Gartencenter, dann ging es los mit meiner Grillfreude, privat und beruflich. Meine Rezepte waren so beliebt, dass ich trotz der misslungenen Präsentation auf der Karlsruher Messe für viele Jahre zum Werbegesicht von Weber in Deutschland wurde. Es gab einen eigenen Lafer-Grill, ich wurde nach Chicago zur Produktion eingeladen und fühlte mich wie ein Weltstar des Grillens.“

„Mittlerweile fand in diesem Jahr zum 17. Mal die größte Grillparty in Europa mit dem Radiosender SWR3 statt. Ich grille live im Radio, und bis zu 100 000 Zuhörer machen es mir nach, es gibt Grillsongs und einen Comedian, der meine Stimme imitiert, und jedes Jahr ausgefallene Ideen und Gerichte. Ein Huhn auf Bierdosen grillen zum Beispiel oder Pancakes auf Dachziegeln und dieses Mal einen Käsekuchen mit Rhabarber auf einem Blumenuntersatz. Es ist ein fröhlich-verrücktes Fest, das mir unheimlich viel Spaß macht.“

„Meine größte Grillniederlage? Beim Verlag Gräfe und Unzer auf der Frankfurter Buchmesse wurde die millionste Grill-Bibel vorgestellt und der Verfasser, Jamie Purviance, wurde extra aus Amerika eingeflogen, um mit mir gemeinsam eine Grillshow zu stemmen. Ich hatte bestes Fleisch besorgt, Wagyu-Tomahawk. Doch durch das viele Fett des Fleisches, das in den Grill tropfte, stand plötzlich mein kompletter Gasgrill in Flammen – wieder vor rund 300 bis 400 Leuten. Es brannte und brannte. Die Stücke waren so schwarz, ich musste sie am Ende vom Rost schneiden.“

„Bei mir zu Hause steht mittlerweile eine große Auswahl an Grills. Nichts ist darauf unmöglich, sogar Salzburger Nockerl und Soufflé lassen sich damit zubereiten. Wir laden oft Freunde zu uns in den Garten ein, wie den Gewichtheber Martin Steiner oder Revolverheld. Die Euphorie des Gastes über das Grillergebnis ist größer, als wenn etwas Großartiges aus der Küche kommt. Weil er live dabei ist, die Atmosphäre miterlebt. Wenn mein Sohn aus Den Haag oder meine Tochter aus München nach Hause kommen, treffen wir uns erst mal zum Grillen im Garten und bereiten ganz einfache Dinge zu. Und dann genießen wir gemeinsam in der Natur.“

FOTO: Tom Kelley Archive/Getty Images

Einer, der
HÖRZU
zu Hause hat
GIOVANNI ZARRELLA
Exklusiv fotografiert
für HÖRZU
Eine Marke der FUNKE Mediengruppe

FOTOS: Christian Kutschka/StockFood, C.O.P. Vienna, Mathias Neubauer

Darauf freuen wir uns:

Feste feiern
Ob Fondue (O.), Weihnachtsmenü, Silvesterparty oder lässige Levante-Küche zum Teilen von Haya Molcho (M.) – hier finden Sie köstliche Rezepte zum Feiern mit Familie und Freunden. Plus Extra-Tipps von der perfekten Planung über Styling-Tipps für den Tisch bis zu Weinempfehlungen

Lafer & Friends
Johann zu Besuch bei den besten Lebkuchen- und Christstollenbäckereien Deutschlands

DAS NÄCHSTE BOOKAZINE ZUM SAMMELN
erscheint am 17. 11. 2023